빛은
어둠에

물들지
않아

나현생각

빛은
어둠에
물들지
않아

김나현 지음

'나'라는 덩어리를 빚는 과정
바닥을 쳐봐, 그리고 다시 올라와

바른북스

추천사 1

치유의 강물에서 길어 올린
절절한 고백

먼저, 《빛은 어둠에 물들지 않아》의 출간을 축하드린다. 그리고 몇 해 전, 마치 필연처럼 다가왔던 김나현 선생과의 아름다운 인연에도 깊은 감사를 드린다. 그저 옷깃만 스쳐도 인연이라 하였는데, 부족한 나의 작품들이 그간 아인캘리그라피디자인협회 많은 회원들의 손과 마음을 거쳐 멋진 캘리그라피로 승화되었으니 필연이 아닐 수 없다.

사전에서는 캘리그라피를 '글씨나 글자를 아름답게 쓰는 기술'이라고 풀이하고 있다. 그러나 나는 '기술'이라는 정의에 동의하고 싶지 않다. 그간 나는 꽤 많은 캘리그라피 작품들을 눈여겨보아 왔다. 또한 그 작품들이 탄생하기까지 거쳐야 하는 연마의 시간이나 습작 과정의 뒷이야기들을 접하며, 그 수고로움을 충분히 헤아려 왔다. 따라서, '기술' 대신 '예술'이라 감히 정의하고 싶다. 그것은 시인이 한편의 시를 쓰기 위해 맨발로 가시밭길을 걸으며 숱한 고뇌의 밤을 지새우듯, 캘리그라피 작가들 역시 문장을 이루는 글자 하나하나에 숨겨진 뜨거운 의미를 함께 고뇌하며 승화시켜 나가기 때문이다. 그러므로 캘리그라피라는 장르는 바로, '예술이 고뇌의 산물'임을 증명하는 한 분야라고 해도 지나치지 않을 것이다.

내가 이러한 정의를 감히 내릴 수 있는 까닭의 중심에는 바로 김나현 선생이 있다. 현재 우리나라에는 매우 많은 캘리그라피 작가와 지도자들이 활동 중이다. 모두들 열과 성을 다하며 예술적 감성과 혼을 불사르고 있는데, 그 가운데서도 김나현 선생이 펼치는 그만의 독특한 행보는 언론 매체나 주변의 평가를 통해 이미 정평이 나 있다.

나는 얼마 전 김나현 선생으로부터 자신의 인생 고백이 담긴 원고를 접했다. 책으로 출간하기 위한 원고였는데 단순한 문장 교정 의뢰로 알고 가볍게 읽기 시작했다. 그러나 페이지를 넘길수록 가볍던 마음은 서서히 걷히고, 그 사연 하나하나에 담긴 절절함에 가슴은 먹먹해지기 시작했다. 마치 내가 과거에 겪었던 인생 트라우마의 여러 단면들을 들킨 것만 같은 착각이 들 정도로 그 사연들은 뜨거운 공감대로 가득 차 있었다.

내가 책이 출간되기 전 한발 앞서 만난 솔직하고 담담한 글 속에는, 김나현 선생 특유의 캘리그라피 서체가 어떻게 탄생하게 되었는지 그 비밀이 오롯이 숨겨져 있었던 것이다.

앞서 나는, '예술은 고뇌의 산물'이라고 표현했다. 이 책 속에 담긴 솔직하고 담담한 고백들과 만나노라면 그 속에는 그간 치유의 강물을 역류하며 그가 얼마나 긴 고뇌의 시간과 함께했는지 가슴으로 절절히 느낄 수 있다.

누구나 한평생 살아가며 이런저런 상처에 신음한다. 그 상처에 무너지며 눈물에 젖기도 하고 때로는 속울음을 삼키며 그 상처를 달래기 위해 사랑하기까지 한다. 물음도 아픔이 될까 타인의 상처를 애써 외면하기도 한다. 그러나 자신의 상처를 그대로 방치하지 않은 채 치유의 삶으로 녹여낸 김나현 선생께 뜨거운 응원의 박수를 보낸다.

물음도 아픔이 되는 사연들을 과감히 세상과 공유하며, 캘리그라피라는 장르 속에서 그 예술의 혼을 불태우는 그의 날들이 더욱 밝게 빛나기를 간절히 기원한다. 이 자리를 빌려 그간 나의 부족한 작품들을 멋진 캘리그라피로 승화시켜 주신 아인캘리그라피디자인협회 회원 여러분께도 깊은 감사를 드린다.

김부조(시인 · 칼럼니스트)

추천사 2

매일 성장하는 작은 거인

2013년 8월 4일, 블로그에 댓글이 달렸다. '은방이맘나방이'라는 닉네임이었다. 첫째 아들 은방이를 모유수유 아기 선발대회에 참가시키기 위한 정보를 검색 중에 내 블로그에 방문했던 것이다. 김나현 씨를 처음 알게 된 때였다.

그때만 해도 평범한 아기 엄마인 줄만 알았다. 그런데 어느 날 지문트리란 것을 그리기 시작하더니 작은방에 작업실을 만들고 판매를 하며 사업자를 냈다. 둘째 아기를 둘러업고 캘리그라피를 작업을 했다. 지금도 나는 김나현 씨 하면 아기를 업고 시연하는 장면이 떠오른다.

학원도 차리고, 자격증반도 개설했다. 그 후 캘리그라피 협회를 설립하고, 전국에 지부를 만들어 회원들과 함께 전시회도 주최했다. 아침형 인간도 아닌데 새벽반을 만들어 온라인 강의도 했다. 코로나가 창궐하던 시기에 TV프로 〈서민갑부〉에 출연했다.

그녀가 말하는 성공 비결은 네 가지다.

첫째, 보여줘라.

둘째, 선물해라.

셋째, 판매하라.

넷째, 가르쳐라.

SNS에 내 작품을 게시한다. 그러면 더 잘하기 위해 노력하게 된다.

주변 지인들에게 선물하려면 더 잘해야 한다. 졸작을 선물할 순 없기 때문이다.

내가 자신 없는 작품을 판매할 순 없다. 돈 받고 팔 때는 더 신경 써서 작품을 만들게 되고, 계속되는 피드백으로 성장할 수 있다.

가르치려면 내가 먼저 가르칠 만한 실력이 되어야 한다. 그 실력을 갖추기 위해서 많은 노력을 기울일 수밖에 없다.

그녀는 이런 방식으로 캘리그라피 사업을 성공시켰고, 그 기간은 오래 걸리지 않았다. 여기서 끝이 아니다. 카페를 오픈했는데, 그 이유는 단지 그냥 카페 사장이 되고 싶어서였다. 그리고 뜬금없이 영어학원도 오픈했다. 역시 대성공을 거두었다.

나는 궁금했다. 대체 이런 열정이 어디서 오는 걸까?

사실 성공으로 향하는 과정이란 끝없는 불안과 스트레스를 동반한다. 내 작품을 보여주고 선물하는 것까진 누구나 할 수 있다. 하지만 판매하고 가르치는 것부터는 스트레스가 동반된다. 그 스트레스를 이겨내려면, 무엇보다 그 일을 좋아해야 한다. 남들보다 좀 더 자신의 일을 좋아하기 때문에 남들보다 더 빠르게 성공할 수 있었던 것이다.

하지만 누구나 자신의 일을 좋아하진 않는다. 어떤 특별한 이유가 있지 않을까? 이 책에 나오는 그녀의 어린 시절이 대답을 해준다. 그녀는 어려서부터 가까운 가족들의 죽음을 봐왔다. 그래서 내일 죽을 사람처럼 살 수 있는 원동력과, 하고 싶은 것을 다 하는 성향을 가지게 된 것 같다.

어려서 불행한 가정환경으로 꿈을 펼치지 못했고, 경제적으로도 어려운 시절을 보냈다. 충분히 자기 비하에 빠질 환경이기도 한데, 그런 그녀가 자신의 운명을 스스로의 힘으로 극복했다. 마음껏 누리고 자랑하고 성장하고 있다. 그녀의 성장은 늘 나를 놀라게 하며, 신선한 자극과 감동을 준다.

이 책은 평소 그녀의 생각이 그대로 담겨 있다. 아니 좀 더 가까이서 볼 수 있다. 김나현이라는 사람으로서, 엄마로서, 원장, 사장, 딸, 며느리, 아내, 캘리그라피 작가로서의 역할을 어떤 마음으로 수행하는지에 대한 단상이다.

그녀의 첫 번째 책을 가장 먼저 읽고, 소감도 남길 수 있는 지면이 허락되어 기쁘게 생각한다. 이 책을 통해 동년배로서 많은 동질감을 느꼈다. 때론 짠하기도, 대견하기도, 존경스럽기도 한 마음이 들었다. 이 책을 읽는 분들도 비슷한 감정을 느낄 것을 생각하면 벌써부터 소속감이 느껴진다. 김나현 씨를 아는 사람들이라는 소속감.

김나현 씨의 첫 번째 책 출간을 축하하며
장석열흑삼연구소 대표 장영도

추천사 3

그럼에도 불구하고 난
생각하고 행동하고 성공했다

그녀는 언제나 그랬다.
남들이 보기에는 '과연 가능할까?' 싶은 일들을 꿈꿨고,
그 꿈들을 현실로 만들어 냈다.
물론 그 뒤에 수없는 도전과 노력이 있었음을 가장 가까이에서 봐왔다.
충분히 현재의 삶에 안주할 법한 상황임에도 절대 그러지 않는다. 어느 한순간도 제자리에 서 있지 않고 늘 작은 발걸음일지라도 앞으로 내딛는 그녀, 그렇기에 그런 그녀를 존경하지 않을 수 없다. 높은 위치에 있다 하여 거만하지 않고, 가진 게 많다 해서 있는 척하지도 않는 그녀.
약한 사람 생각해 주며, 언제나 먼저 베풀고 배려할 줄 아는 그녀.
지금까지의 그녀도 꽤 멋지지만
앞으로의 그녀가 더욱더 기대되고, 그런 그녀를 난 열렬히 응원한다.

최현정

저자 약력

학력

1999. 신일여자고등학교 디자인과 중퇴

2005. 대입 검정고시 합격

2006. 사이버한국외국어대학교 TESOL영어교육학과 입학

2020. 한남대학교문화예술대학원 조형미술학과 입학

연혁

2007-2013. 영어강사

2014. 5. 은방이네 사업자등록

2016. 4. 은방이네 공방 스마트스토어 오픈

2018. 4. 아인캘리그라피디자인학원 개원

2019. 1. 아인캘리그라피디자인협회 설립

2020. 11. 은방이네 지하상가 팝업스토어

2022. 11. 카페오공팔 개업

2023. 5. 이공오영어학원 개원

2024. 2. 이공오영어학원 확장이전

이력

아인캘리그라피디자인협회 협회장

아인캘리그라피디자인학원 원장

이공오영어학원 원장
국민예술협회 충청미술전람회 분과장
대전환경미술협회 이사
바른아이글씨 자문위원

심사 · 운영위원 · 초대작가
대한민국미술전람회
통일명인미술대전
대한민국정수서예문인화대전
문경연가캘리그라피대전
대한민국서예문인화대전
홍재정조대왕미술대전
성삼문문화예술대전
보문미술대전
대한민국미술전람회부산공모전
장수미술제
경기도서예전람회
서해아트페어

방송출연

2017 KBS 〈다정다감〉

2020 채널A 〈서민갑부〉 275회 출연,
　　　300회, 301회 특별출연

2022 채널A 〈대선 개표방송〉

2022 MBN 〈생생 정보마당 옆집CEO〉

2023 삼성생명 lifeTV 교육영상

2024 대전MBC 〈살맛 나는 세상〉

2024 OBS 〈이것이 인생이다〉

2025 SBS 〈모닝와이드〉

대표 작업

포항송림마을 벽 글씨

상주화폐

착한농부 밀담

장석열흑삼

EBS 〈로망대로 살아볼까〉 타이틀

채널A 〈순정시대〉

강의 · 강연

한남대학교 평생교육원

대덕구노인종합복지관

대전정부청사

세종정부청사

신일여자고등학교

전주대학교

성모여자고등학교

삼성생명

KB화재

SK텔레콤

전남영광군청

한국복지대학교

제주지방해양경찰청

프롤로그

1.
6학년 때 크리스마스카드를 만들었다.
문구점에서 4절 켄트지 한 장에 100원, 속지로 쓸 A4지 몇 장 사면 총 재료비가 200원인데 카드 10개를 만들 수 있었다.
학교에 가져가 자랑했더니 친구들이 서로 달라고 난리였다. 힘들 것 같아 거절했더니 사겠다고 했다.
원가가 20원이지만 수고비를 고민해서 200원씩 달라고 했다.
돈을 받았으니 좀 더 예쁘게 해주고 싶어 반짝이 풀도 샀다. 10배의 수익이 났다.
나의 첫 번째 사업이었다.

2.
반지하 우리집은 작은 대문을 열어놓으면
밖에서 부엌이 훤히 들여다보였다.
어느 날 삶은 계란을 잔뜩 넣어 떡볶이를 만들고 있었는데 동네 아이들이 계란 하나만 달라고 한다.
학교 앞 떡볶이 계란이 200원인데 나는 한정 수량을 판매하니 300원을 받았다.
몇 분 만에 그렇게 완판이 되었다.
나의 두 번째 사업이었다.

3.

고등학생 때 귀밑 4cm 단발머리를 유지해야 하는데 미용실 금액이 참 부담이었다.

어느날 문구 가위로 살짝 잘라봤는데 맘에 들게 되었다. 그 당시 인기곡 '포이즌'을 불렀던 가수 엄정화의 칼 단발이 유행이었는데 딱 그 머리처럼 되었다.

친구들이 나처럼 잘라달라고 한다.

양심상 1,000원씩 받기로 했다.

쉬는 시간마다 예약을 하고 줄을 섰다.

미용실에서도 이런 스타일로 안 잘라주는데 나현살롱에서 가능했던 거다.

시내 헤어재료 도매상에 가서 15,000원에 좋은 가위를 하나 샀다. 나름의 큰 투자였다.

그 후에 가위를 선생님께 뺏겼고 졸업하면 돌려주신다고 하셨는데 졸업을 못해서 돌려받지 못했다.

나의 세 번째 사업이었다.

목차

추천사 1 치유의 강물에서 길어 올린 절절한 고백
추천사 2 매일 성장하는 작은 거인
추천사 3 그럼에도 불구하고 난 생각하고 행동하고 성공했다

저자 약력

프롤로그

● PART 1 **김나현**　　　　　　　22

● PART 2 **엄마**　　　　　　　118

● PART 3 **원장**　　　　　　　158

● PART 4 **사장**　　　　　　　198

- PART 5 **딸** 250
- PART 6 **아내** 268
- PART 7 **작가** 288

PART 1
김나현

나현생각 1

어디선가 읽은 적이 있는데
어릴 적 학대받았던 아이들은
자기 몸이 망가지는 걸 개의치 않는대.
심하면 자해를 하기도 하고.

나는 나름 좋은 쪽으로 풀어서
몸이 부서저라 일을 하는 것 같네.

고통을 잘 느끼지 못하는 것,
고통에 민감하지 않은 것이 장점.

나현생각 2

요즘 카페 일 보랴 수업하랴 쫓기다 보면
다중인격 인간으로 물든 것 같지만
그래서 인생은 재미나. 살 만해.

나현생각 3

이놈의 몸뚱이는 아프지도 않네.

나현생각 4

말은 짧게 하자.
반말은 하지 말고.

나현생각 5

그거 있지.
어떤 글의 요점을 알아채고
그것에 맞는 대응을 해주는 게 공감 능력인데
어떤 사람은 그게 부족한 거야.

누군가 자랑을 하면 들어주는 것.
슬프다고 하면
그냥 조용히 달래주는 것.

나현생각 6

어떻게든 되겠지
라는 말은

체념이 아니라
어떻게든 되게끔 하겠다는 것.

나현생각 7

우리 넷째, 다섯째 삼촌은
20대, 30대에 사고로 돌아가셨다.
우리 엄마는 54세에 암으로 돌아가셨고
알려지지 않은 내 여동생은
2살 때 하늘나라로 먼저 떠났다.

나의 주변 사람들이 일찍
세상과 이별하고 있다.

이것이 내가 마치 내일 죽을 사람처럼
살 수 있는 원동력이다.
하고 싶은 것 다 하고 살자고.

매일이 버킷리스트.

나현생각 8

어릴 땐,
계란형 얼굴이 아닌 게 싫었다.
말라서 상대적으로 입이 나온 것 같았다.
높은 광대가 싫었다.
낮고 작은 코도 싫었다.
얇은 데다가 뚜렷하기까지 해서
단점이 두드러지는 입술이 싫었다.
부잣집 친구의 뽀얀 피부가 부러웠다.
157센티의 작은 키는 나를 더 주눅 들게 했다.

하지만 지금은
사각턱과 광대는 시크함으로 여기기로 했고
마른 게 스트레스였던 내가
이 몸을 유지하기 위해 365일 다이어트를 하고 있다.
만약 내 코가 높았다면
안 그래도 강해 보인다는 이미지가 더 짙었을 것이다.
요즘은 돈을 써가며 검게 태닝도 하더라.
내 키 덕분에 작은 거인이라는 수식어도 붙었다.

나현생각 9

겸손 병.

내 생각에 겸손이란,
어떤 경지에 오른 자가 자신을 낮추는 말.
이제 출발선에 선 사람이 굳이 겸손할 필요 있을까.
자신을 맘껏 드러내고 평가받을 때다.
겸손도 병이다.

나현생각 10

내가 어릴 적 자고 일어났을 때는
이미 할아버지, 할머니가 논밭에 나가 안 계시고,
청국장 밥상이 차려져 있었고
난 혼자 밥을 먹고 오늘은 뭐 하고 놀지를 연구했다.
강아지랑 놀다가 고양이랑 놀다가
평소에는 하면 안 되는 - 아궁이에 불을 때기도 하고
곤로에 요리를 하는 척하기도 했다.
처마에 걸린 톱 망치로 나무에 못을 박기도 하고
낫으로 뒤꼍의 어린 대나무를 베어 활도, 화살도 만들었다.
아마 그때 스마트폰이 있었다면 지금 나의 인스타는 참 볼만 했을 텐데.

#여전히 하고 싶은 거 다 해

나현생각 11

쓰레기도 쓰레기로 태어난 것이 아니었다.

초등학교 6학년 때
집 앞 전봇대 아래 바구니째 버려진 수십 개의 카세트테이프를 주워 왔었다(그때는 용돈 모아 테이프 하나 사던 시절, 친구의 테이프를 불법 복제 하던 시절).

대부분 늘어진 것들 중에 발견한 보물 몇 개
올드팝 모음집, 아바(ABBA), 모차르트, 아이네 클라이네 나흐트무지크, 비발디 사계, 재즈, 훌리오 이글레시아스.
사춘기 학창 시절 내내 이 테이프들을 수백수천 번 들었다.
아빠는 바쁘셨고 엄마는 안 계셨고 음악만 있었다.

지금도 올드팝과 FM 클래식 라디오를 제일 좋아한다.
이것 또한 결핍에 의해 만들어진 후천적 음악 취향.
누군가에게 결핍은 가장 소중한 것의 원천이 될 수 있다.

나현생각 12

전 그랬던 것 같아요.
어릴 적부터
'어떻게 하면 하루를 신나게 보낼까.'
'뭘 해야 재미날까.'

지금도 마찬가지예요.
뭘 해야 재미날까.
뭐 신나는 일 없을까.

누구는 한 번뿐인 인생 대충 살라고 하지만
이왕이면 신나게 살아야죠.
겨우 한 번뿐인데.

나현생각 13

돌잔치에 가서 '부르주아상'을 받았다.
지금 갖고 있는 물품 구매 영수증 중에 가장 비싼 영수증을 내는 사람에게 주는 상이란다. 오 신선한데? 이런 상 처음이야.
한 사람이 39만 4,000원을 외치고, 곧이어 또 한 사람이 50만 원을 외쳤다.
깔깔거리며 구경만 하다가, 가만…!!
내 루이뷔통 기저귀 가방 안쪽 주머니에 보증서와 영수증을 항상 갖고 다닌 게 생각났다.
무려 2011년 영수증~~~ 987,000원.

그날 난 돌잔치 하객 50명 앞에서 된장녀가 되고 초강력 테이프 클리너 세트를 받아 왔다.

나현생각 14

2016년 랜덤 질의응답
1. Q : 어른이 되었다고 느낄 때는?
   A : 서른 살인 사람이 아이처럼 보일 때.

2. Q : 가장 두려운 것은?
   A : 가까운 사람의 죽음.

3. Q : 자신에게 얼마나 만족하나요?
   A : 80%.

4. Q : 당신은 아침형 인간인가요?
   A : 아니요.

5. Q : 어린 시절 가장 좋아한 장난감은?
   A : 비비탄총

6. Q : 당신을 가장 괴롭게 하는 것은?
   A : 누군가의 변덕.

7. Q : 나와 비슷한 역사적 인물은?
   A : 홍길동.

8. Q : 일 년 후 무엇을 하고 있을 것 같나요?
   A : 확장 이전 준비.

9. Q : 인생에서 가장 행복했던 순간은 언제인가요?
   A : 결혼하던 날.

10. Q : 당신이 알고 있는 마법의 주문은?
    A : 나사 하나씩 풀고 살아.

11. Q : 멈출 수 없는 나만의 버릇은?
    A : 머리카락 만지는 것.

12. Q : 호기심이 많은 편인가요?
    A : 엄~~청.

13. Q : 가장 기억에 남는 선물은?
    A : 신발.

14. Q : 사랑이란 무엇일까요?
    A : 뭘 해도 예쁜 것.

15. Q : 여행은 산으로? 바다로?
    A : 바다.

16. Q : 엄마와 아빠 중에 당신은?
    A : 아빠.

17. Q : 가장 싫어하는 사람 유형은?
    A : 강약약강.

18. Q : 하루 중 가장 기분이 좋은 시간대는?
    A : 오전 11시.

나현생각 15

제가 숫자 4를 가장 좋아해요.
짝수를 좋아하는데
그중 4, 2, 6, 8을 순서대로 좋아해요.
4는 안정적이고
책상다리는 4개이고
네모는 4각이 있고
택시에 4명만 탈 수 있고
친구도 4명이면 왕따가 없고
식당도 4인만 됩니다.

2021년

나현생각 16

내 얼굴은
아티스트, 강사, 경영자, 학원장, 협회장, 임원, 엄마, 아내, 딸.

숨 쉬는 시간조차 아까운 이 시기가 좋다.
당신 직업이 뭐냐고 묻는다면
나는 그냥 김나현이다.
김나현이 내 브랜드다.

나현생각 17

착해 보이는 사람 말고 진짜 착한 사람이 좋다.

나현생각 18

계약병 :
일 년에 한두 번씩 계약서에 사인을 하지 않으면 도지는 병.

나현생각 19

아직도 주말마다 시골집에 가서 벼농사를 짓는 아빠가
계셔서 음식 남기는 걸 좋아하지 않는다.

나현생각 20

그럼에도 불구하고 난
생각하고 행동하고 성공했다.

나현생각 21

좌절을 경험하지 않은 아이는 불행하다.

나현생각 22

벼락치기란
궁지에 몰렸을 때 반드시 해내는 것.
(해내지 못했을 때는 벼락치기라는 말을 쓰지 않는다)

나현생각 23

가면 가는가 보다.
오면 오나 보다.
미우면 미운가 보다.
예쁘면 예뻐해야지.
순리대로.
그저 물 흐르는 대로.

나현생각 24

상처받은 건 잘 잊지 못하지만
특별한 기억으로 승화시키는 능력.

나현생각 25

나는 늘 그랬다.
누가 나의 앞길을 막을 때마다
그들을 뚫고 전력 질주 했다.

나현생각 26

스토리텔링은 막강해요.

#이야기가 있는 삶

나현생각 27

못생긴 캐릭터로 유명했던 연예인이
나이가 들면서 차츰 아름다워 보이는 이유.

나현생각 28

너그럽고 관대한
관대하고 너그러운.

#다짐

나현생각 29

적당히 거리 두기 해.
물 수도 있어.

나현생각 30

최선을 다했으니 괜찮아.
내적 성공.

나현생각 31

내 인생의 각본은 내가 씁니다.
써놓고 실행하면 그대로 될 가능성이 큽니다.

나현생각 32

한번 살아봤다고 다 멋진 어른은 아니겠지만
그래도 살아본 사람이 좀 더 낫지 않을까.

나현생각 33

어차피 다 일상으로 돌아가겠지만
상처는 어쩌나.

나현생각 34

사람 싫은 데 이유 있나요?

네, 이유 있어요.

나현생각 35

머리카락 때문에
몸무게가 많이 나가는 것 같아 잘라버렸다.

나현생각 36

바닥을 쳐봐.
그리고
다시 올라와.

나현생각 37

울지 마.
달래주지 않을 거야.

나현생각 38

감정이 시끄러워 잠을 못 자겠어.

나현생각 39

천재, 사이코, 또라이, 즐기는 자.

#고비를 극복하는 나만의 주문

나현생각 40

정신이 건강한 사람.

나현생각 41

"천재는 노력하는 사람을 이기지 못하고
노력하는 사람은 즐기는 사람을 이기지 못한다."는 말이
나를 두고 하는 게 아닐까 싶네.

나현생각 42

기억은 왜곡된다.
왜곡된 기억이 추억이 된다.

나현생각 43

예쁜 척하니 예뻐지더라.
착한 척하니 착해지더라.
좋은 사람인 척하니 좋은 사람이 오더라.

나현생각 44

좋아하는 마음은 숨길 수가 없어요.

나현생각 45

추위 앞에 겸손.

나현생각 46

아무도 나를 좋아하지 않는다 생각되면
나 좀 좋아해 달라고 말하세요.

나현생각 47

글로 써두고 매일 보니 이루어지더라.

 나현나현
2019.06.29 오전 3:06 | 06.29 수정

한남대학교
사회문화.행정복지대학원
조형미술학과
한국화 전공
2020학번 신입생 김나현입니다.

나현생각 48

어떤 날은 누가 날 좀 건드려 줬으면 좋겠다 생각했다.
폭발하게.

나현생각 49

자고 일어나면 새로 태어나기를.

나현생각 50

완벽하지 않으므로 삶이 재밌는 것 같다.

나현생각 51

주변 사람들을 나쁘다고 생각했을 때
사실은 내가 나쁜 거였다.

나현생각 52

내가 어느 정도로 긍정적인 사람이냐면요.
초등학교 6학년일 때 엄마가 집을 나가셨는데
'매를 맞지 않아도 돼서 좋다~'라고.

나현생각 53

내가 아는 것을 더 잘 가르쳐 줄 수 있는 사람.

나현생각 54

오늘 아침 출근 직전에 가방 메고 거울을 보는데
갑자기 그 표정 그대로 사진을 남기고 싶어서 찍은 거.
이게 내 평소 표정이야.
평소 셀카는 이렇게 안 찍는데 말야.
그리고 사람들이 표정 어둡다는 말을 자주 하는데 울 엄마가 나
원래 아기 때부터 도도해서 웬만해서는 잘 안 웃었다 그랬어.
타고난 거야. 선천적인 것.
웃음도 연습이 필요해.

나현생각 55

마음의 부자가 되고 나니
남 탓을 하지 않게 됩니다.

나현생각 56

나이가 같다고 해서
꼭 친구가 되어야 하는 것은 아니야.

나현생각 57

분노 다음에 슬픔.

나현생각 58

스스로 끊어내실 때는 언제고
이제 와 모른 척한다며 슬프시다니.

나현생각 59

시간이 약이란 말을 좋아해요.

시간이 약.
모르는 게 약.

나현생각 60

활짝 웃는 얼굴이 예쁘지 않은 사람은 없어요.

나현생각 61

너무 열심히 산 죄.

나현생각 62

시련을 잊는 건 더 큰 시련이다.

나현생각 63

나이 먹을수록 느는 건 눈치.

나현생각 64

아무렇지 않다는 말은
아무렇지 않게 하는 것이 아니다.

나현생각 65

아픈 걸 더 아프게 해서 원래 아팠던 걸 잊어버리게 하는 방법.

나현생각 66

나이답게.

나현생각 67

어떤 인간이 굉장히 미울 때는
더 나쁜 인간을 생각해 보세요.
이 인간은 나쁜 인간도 아니에요.

나현생각 68

제가 딴건 몰라도 깡다구는 있었는데요.

나현생각 69

누군가를 미워한다면 자격지심이다.

나현생각 70

나는 '바라요.'라고 쓰기 싫다.

나현생각 71

실력도 남들이 인정해야 실력인 거야.

나현생각 72

말 안 한 적 있어도
거짓말한 적 없다.

나현생각 73

고1,
아빠가 아파트로 이사를 간다고 했다.
세상에, 화장실이 집 안에 있었다.
내 방도 생겼다. 행복했다.

얼마 후 두 분은 이혼했다.
별거 기간이 길었기 때문에 아무렇지 않을 줄 알았다.
어느날 학교에서 돌아오니
원래 늘 엄마가 있었던 것처럼
이상하게 허전한 빈집에서 주저앉아 펑펑 울었다.
이 집에서 다시는 엄마를 못 볼 거란 생각에.

나현생각 74

폭력보다 무서운 말 전하기.
그것보다 무서운 무관심.

나현생각 75

책 영업에 빠진 친구에게 카드 빌려줬다가 신용불량자로 20대를
보냈다. 학자금 대출도 받지 못하고 6개월마다 휴학하고 복학하고 그 덕에 더 독하게 산 인생이다.

종합의견

- 김*현님의 개인신용평점은 상기 분석기간 동안 **0점**의 변동이 발생하였습니다.
- 상기 분석기간의 최근 기준 등급은 비교시작시점에 대비하여 **변동이 없으며**, 전반적으로 신용상태는 매우 우수한 수준입니다.
- 현재 신용등급은 오늘 기준으로 **1등급**을 유지하고 있으며, 신용위험에 빠질 예상 위험도는 **0.10%**입니다.

회원님의 현재 신용평점 및 등급 | 상세 >

신용평점	신용등급	신용우량률
929점 1,000점 기준	**1등급**	**99.90%**

나현생각 76

군중 속에 있으니 생각난다.

할머니와 시골에 살던 내가 초등학교 2학년을 마치고
엄마, 아빠가 계시던 대전으로 와서 살았다.

어느 날 아침에는 한참 혼이 났는데
학교 갔다 와서 또 보자는 엄마 말에 울면서 학교에 갔다.
가끔은 학교에 갈 수 없는 날도 있었다.
어떤 날은 엄마의 화가 풀려야 학교에 갈 수 있었다.

하굣길이 두려웠다.
내 옆을 지나가는 사람들이 부러웠다.
저 사람들은 걱정거리 하나 없어 보였다.
나는 집에 가면 매를 맞을 텐데.
군중과 함께 있을 때면 한없이 작아졌다.

어딘가로 사라져 버리고 싶었다.

지금 나의 상황과 다른 나를 상상했다.
그때부터 내 안의 불안증과 더불어 상상력이 풍부해진 것 같다.

나의 성격과 육아관은 엄마를 닮지 않았다.
닮지 않으려고 노력했다.
엄마가 미워했던 우리 할머니처럼 나의 아이들을 키우고 싶다. 그래야 한다.

엄마가 살아 계셨다면
마주 앉아 이런 이야기를 나누며 감정을 풀어낼 수 있었을까.

#군중공포증

나현생각 77

부모님의 사이가 아주 좋지 않아 제가 초등학교 6학년 때부터 별거를 하셨는데 중학교 시절 내내 춥고 외로웠어요.
아빠는 객지에서 일하시느라 늘 일주일 만에 오시고
밥해서 도시락을 싸고 미역국도 끓이고 연탄도 갈고요.
초등학교 1학년 남동생이 한밤중에 열이 올라 40도가 넘는데 물수건을 이마에 대주니 차갑다고 울며 거부해서 제가 말했어요.
"이거 안 하면 너 죽어!!"(그때도 T였네)
왕따도 당했고
저보다 키 작은 짝꿍한테 불려 가 괜히 뺨도 맞아봤고
반지하 저희 집 나무문에는 '용표 엄마 집 나갔네~'라는 낙서가 씌어 있었어요. 이름이 아직도 기억나요. ㅂㅇ, 외자예요.
고등학교 2학년 때 부모님이 이혼하셨고, 비로소 집안에 평화가 찾아왔어요.
엄마가 집에 와서 불 지른 적도 있었거든요.
초등학교 때는 학업 우수상을 꼭 받았는데
중학교 때는 공부를 멀리했어요.

선생님들이 "너는 소묘를 잘하니 중앙대 디자인과를 가면 되겠다."라고 하셔서 꿈이 생겼고 열심히 하기 시작했고 57명 중 10~13등까지 올라온 참이었어요.
수학, 과학이 어려웠고 영어, 국어, 미술을 좋아했어요.
학원은 다닐 형편이 못 되었어요.
그리고, 엄마의 집착이 불러온 어떤 사건을 계기로 다음 해 1월 학교를 그만두게 되었어요. 18세인데 1월생이라 고3이었어요.
결국 중퇴하고 저만 대학을 못 갔어요.
처음엔 분식집에서 하루 6시간을 월급 30만 원 받고 일했어요. 라면 끓이는 법을 배웠어요. 그냥 라면 아니고 콩나물에 오징어 다져 넣은 환상의 해장라면인데 기회 되면 맛보여 드릴게요.
그러다 고깃집은 시급 2,000원 준다길래 나이 속이고 취업했죠. 술을 파니 성인만 근무할 수 있대요.
보건증 갖고 오라고 재촉하면 그만두었죠.

삼겹살집, 갈비집, 꼼장어집, 족발집, 샤브샤브집, 칡냉면집, 왕만두집 등등 안 해본 식당 일이 없는 것 같아요. 아침 10시부터 밤 10시까지 일했었죠. 이래서 첫 직업이 참 중요해요.

24살에
같이 일하는 언니(30대 후반)가 저를 참 예뻐하셨는데 그 언니는 참 예쁘고 교양 있었는데 목에 파스를 붙이고 일해요.
문득 이런 생각이 들었죠.
'근데 이 언니는 왜 여기서 일할까.'

답은 = 배움이었어요.

다음 날 동사무소를 찾아가 검정고시 시험공부를 무료로 가르쳐 준다는 야학에 등록했어요.
국영수사과 책 다섯 권을 주며 5만 원을 받네요.
합격하면 전액 돌려준대요. 일종의 보증금인 것 같아요.
열심히 하라는.
두세 달 공부하고 합격했어요. 그리고 다음 해에 대학에 갔어요.
미술을 했어야 했는데 돈이 없어서 영어교육과를 갔어요.

나현생각 78

저희 아빠는요.
새벽마다 막일 나가시며 한 달에 한두 번 쉬셨는데요.
생활력 완전 짱이신 분.
쉬는 날마다 저 데리고 개울로 다슬기 잡으러, 산으로 가재 잡으러, 민물낚시 하러, 감 따러 밤 따러
봉고차에 돗자리, 버너 넣고 다니시며, 시골길에서 라면 끓여 먹고
은박지로 삼겹살 말아 모닥불에 구워 먹고
풀숲에 갇혀 파닥거리는 참새 잡아 손에 잠깐 쥐여주시고
모두 돈 없어도 가능했던 소중한 추억이에요.

어렴풋이 기억나는 엄마(돌아가신) 말로는
제가 아기 때 아빠가 손에서 내려놓지 않았다고 해요. 예뻐서.

아빠가 다섯 형제 중 장남이시고
머리 좋기로 유명하고 공부를 잘하셨다는데 농사일을 도와야 해서 중학교를 못 가셨대요.
둘째와 셋째는 중학교 가고, 넷째는 고등학교 가고
다섯째는 대학 나왔어요. 형들이 보내줘서.
엄마랑은 자주 싸우셨지만

아무리 힘들어도 저에게 소리 한번 지르신 적이 없어요.
외식은 연중행사일 만큼 어렵기도 했고 엄청 구두쇠지만
할아버지 비싼 농기계는 바꿔드렸던 분.
고등학교 들어가며 미술 전공한다 하니 재료는 화방에서 가장
좋은 걸로 사 주셨던 분.

엄마와의 불화가 있을 때마다 아빠가 많이 힘드신 것 같았는데
아무렇지 않은 듯 저에게 쓴웃음 지으셨던 게 잊히질 않아요.

다만 놀이동산 가서 자유이용권 한번 끊어보지 못한 일.
풍선 한번 사달라 해보지 못한 일.
용인 자연농원 가서 놀이기구 하나 타지 못하고 꽃만 보고 왔
던 일.
유원지 가면 그곳 식당은 가본 적 없는 일.
저는 그게 어떤 트라우마처럼… 그때를 떠올리면
제가 마치 안쓰러운 다른 아이를 보는 시선으로 남아 있어요.

우리 집은 돈이 정말 없다고 느껴서가 아니라
평생 아끼며 살아온 아빠에게 부담드리기 싫었던 것 같아요.
그냥 한번 사달라고 해볼걸. 사주실 수도 있었을 텐데.

아빠도 할아버지께 같은 마음이셨을 것 같아서
제가 지금 그 마음을 갚아드리고 있어요.

아빠 딸은 열심히 일해서 잘 쓰기도 해요.
'이게 행복이에요.' 하고
그래서 제 아이들에게는 꼭 풍선을 사줘요.

#어린이날

2021 어린이날
한국민속촌

나현생각 79

내 돌잔치 날.
그 시절에 이런 돌상을 차려주셨던 이유는
내 생일은 음력 1월 2일, 불변의 명절 연휴이기 때문이고,
나는 할아버지 60세 생신날 태어났기 때문이고
다음 해 할아버지의 환갑 잔치와 내 돌잔치를 같이 했기 때문이다.

다른 이유는 5형제 중 장남인 울 아빠(고모 없고 삼촌만 넷),
5남 1녀 중 막내딸인 울 엄마(이모 없고 외삼촌만 다섯),
나는 친가의 첫 손주에 딸 없는 집안의 첫딸.

근데 그 뒤로도 삼촌들이 아들만 낳았는데
아들들이 하나씩 태어날 때마다 나의 주가가 쑥쑥 올랐다.

예를 들어, 명절에 세뱃돈
나 2만 원 주시면 동생들 5,000원씩
나 3만 원 주시면 동생들 만 원씩

그리고 명절이면 꼭 만나는 삼촌들이 내 생일 선물만 사주셨다.

참고로 다들 한두 살 차이인데
지금 생각해 보면 걔네 좀 억울했을 듯.

나현생각 80

수시로 메모를 하는 습관이 있는데
내 비밀노트는 나만 아는 중얼거림으로 가득 차 있다. 자다가도 아이디어가 생각나면 바로 일어나서 적어놓기도 하고 그다음 날 바로 실행에 옮길 때가 있다.

나현생각 81

눈이 퉁퉁 부을 때까지 잤으면 좋겠다.

나현생각 82

기회는 늘 어디서든 나타났고
그 기회를 잡았고
놓치지 않았고
그걸로 만족하지 않고 발전시키려 노력했다.

나현생각 83

중학교 1학년.
집을 나간 엄마랑 몰래몰래 만나는 나날이었다.
하루는 충남중학교로 택시 타고 오라고 해서 도착하면 엄마가 택시비를 들고 나와 있었고, 단칸방에 잠시 있다가 아빠가 오시기 전에 집에 돌아왔다.

또 하루는
우리 반 교실 앞으로 찾아온 엄마가 수업 중인 교실 앞에서 서성거리니 담임선생님이 엄마랑 잠시 말씀 나누신 후 나가서 점심 먹고 오라고 하셨다.
학교에 돌아오니 선생님이 교무실로 부르셨다.
"평소에 명랑하고 밝아서 그런 일이 있는 줄은 전혀 몰랐네. 비뚤어지지 않고 예쁘다. 참 잘 크고 있구나."
그 말씀이 내겐 큰 힘이 되었고, 비뚤어지지 않게 커야겠다고 생각했다.
20대 중반, 나도 영어 선생님이 되고 나서 선생님을 찾아뵈었고, 그 후로 내 결혼식, 엄마 돌아가셨을 때, 셋째 출산 직전,

학원 오픈식에, 그리고 내 전시에 찾아주신다.
내 삶의 방향에 가장 큰 영향을 주신 이현주 선생님.

나현생각 84

6년의 마지막 밤~

30년 된 아파트, 신혼집.
아빠랑 타일 사다 셀프 인테리어로 꾸민 집
애들 없을 땐 이렇게 예쁘고 깔끔했는데
5층 계단 오를 때마다 숨을 헐떡였고
첫째, 둘째 낳고 살았으니 정도 들었고
아빠가 만든 욕실이 허물어진다는 건 좀 아쉽지만
예쁘게 꽃단장하고
2023년에 다시 만나자, 우리 집.

나현생각 85

목표를 크고 어렵게 잡지 않아도 지킬 수 있게 되면 그게 성공이다.
쉬운 성공을 거듭하면 자존감을 높일 수 있다.
나는 날마다 성공을 되풀이한다.

나현생각 86

너무 애쓰지 않아야 지속할 수 있다.
지속 가능해야 강도를 높일 수 있다.
적당히 즐길 수 있는 정도면 좋겠다.
요즘은 '적당히'라는 말이 좋다.

나현생각 87

6년 만의 이사.
난 이 동네에서 초, 중, 고의 대부분을 보냈고(1989~1997)
이 동네로 시집을 왔다(2011).
신혼집에서 지문트리를 그려 '은방이네'를 시작했고(2014)
36살이나 먹은 아파트가 재건축이 결정되어
선화동으로 잠시 이사를 갔었다(2017).
그 아파트 긴물 1층 넓은 상가가 탐이 났었는데 너무 큰 공간에 감히 엄두를 못 냈다가 갑자기 내게 아주 나쁜 일이 생겨
속된 말로 '빡쳐서' 덜컥 계약을 해버렸다(2018).
사이즈가 되는 김에 학원을 하자! 교육청 허가를 받았고
이듬해 협회를 설립했다(2019).
한국화를 깊이 배우기 위해 대학원에 입학했다(2020).
채널A 〈서민갑부〉에 출연하게 됐고 대박을 쳤다.
사실 최근에 다시 나쁜 일이 생겨 큰일을 저질렀다(새로운 사업).
나에게 나쁜 일이라는 건 내 열정에 기름 붓는 일.

그리고 헌 집이 새집 되어 다시 이 동네에 왔다(2023.03.21.).
행복하다.
이사하느라 힘들었어도 6시간 후 새벽 수업은 해야 해.

나현생각 88

내가 샀구나, 양말.

#건망증1

나현생각 89

사고 또 사고.

#건망증2

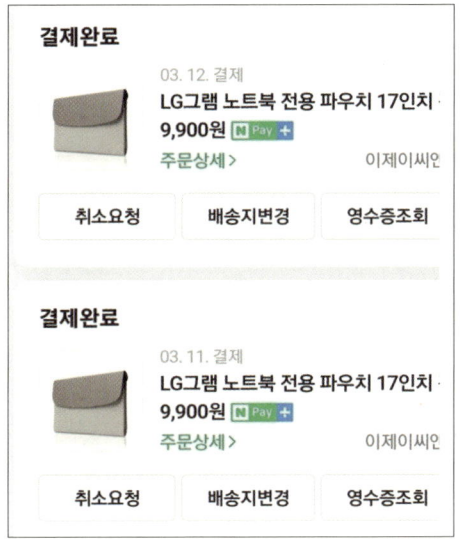

나현생각 90

나보다 더 정신없는 사람 나와봐.

#건망증3

나현생각 91

새벽 수업 후.

#건망증 4

나현생각 92

1983년 1월.
이 아기는 나중에 커서 '아인대장'이 됩니다.

나현생각 93

초록 사랑.

나현생각 94

어린 동생이 짜장면을 먹고 싶다고 하는데
아빠가 객지에서 돌아오시기 전에 돈이 떨어진 상태였다.

"누나만 믿어!"
동네 쓰레기장을 하루 종일 돌며 공병을 주웠다.
모자라서 옆 동네까지 돌았다.

동전 1,300원을 모아 짜장면을 시켜주었다.
"어때? 누나가 짱이지!"

나현생각 95

사진 속 아가들 지금은 23살 됐겠다.
나는 27살이었는데 사는 게 너무 힘들었을 때다.
사진 속 두 아이의 어머님이 날 많이도 도와주셨다.

대전으로 이사 오기로 결정한 2009년 12월.
살고 있는 집 월세 낸 날보다 일주일 더 살아야 하는데 겨우 12만 원짜리 방 뺀다니까 그날부터 집주인이 난방도 해 주지 않고 전기히터도 못 켜게 하는 찬밥 신세.
그런데 이분이 자기 집으로 와 있으라고 한다.
캐리어랑 쇼핑백에 이삿짐 빼서 염치없이 따라갔다.
20평 남짓한 집에 삼 남매 다섯 식구 사는 집.
날마다 국에 생선 구워 아침밥 차려 덮어두고, 오전 내내 자는 날 위해 보일러도 끄지 않고 살금살금 나가고 그렇게 일주일을 신세 지고 대전으로 왔다.
누구보다도 친했지만 어머님에서 언니라고 부르기까지 5년쯤 걸린 것 같다. 언니 동생 하기로 하고도 어색해서 한동안 부르지도 못함.

가진 사람도, 돈도 없을 때 내 인복 중에 가장 귀한 인복.
평생 은혜 갚아야 하는 사람 내 소중한 언니. 1978년생 최현정.

나현생각 96

새벽이 밝아졌다.
새벽이 따뜻해졌고.

#봄 #새벽 출근

나현생각 97

아, 읽기 싫으다.

읽지 않은 메시지 170개
보기

나현생각 98

몸값도 좋지만
나잇값도 하기로 해요,
우리.

나현생각 99

사람이 잘나가면 거만해지는데
우리 나현이는 항상 똑같아.

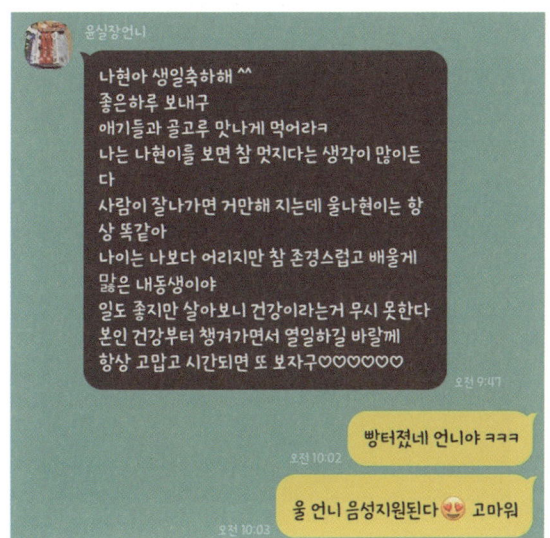

나현생각 100

주말엔 방해받고 싶지 않아.

나현생각 101

기회는 왔을 때 잡는 거예요.
언제까지나 손 내밀어 기다려 주지 않아요.
그 손을 잘 잡아야
같이 갈 수 있는 거거든요.

인생은 타이밍이니까요.

나현생각 102

눈물 포인트가 좀 다른 나는
남들이 슬퍼서 울 때 잘 울지 않는다.
극적인 스포츠 영화나 음악 영화를 좋아한다.
경기 시작할 때부터 펑펑 울었네, 진짜.

#1947 보스톤

나현생각 103

난 참 운도 좋지.
비 오는 싱가포르도 보고 말이야.

나현생각 104

이사 온 지 딱 두 달.
다시 온 내 고향 동네가 좋다.

나현생각 105

이 정도는 해야 주차 좀 한다고 하지.

나현생각 106

원래 매의 눈이긴 하지만.

나현생각 107

새벽 수업 있는 수, 목, 금엔
평균 서너 시간씩 자다가
꿀잠 자는 금요일 밤은 너무 행복.

나현생각 108

히어로들은 본캐와 부캐가 따로 있다.
나도 그렇다.

나현생각 109

가을이 싫다.
20년째 싫다.
겨울이 오기 때문이다.

나현생각 110

다수가 생각하는 것을
꼭 정답이라 생각할 필요는 없다.

나현생각 111

내 결혼식 부케를 받아줬던 아끼는 동생이 드디어 결혼한다.
오브제 워시타워를 선물로 보냈다.
은혜 갚은 나현 언니.

#결혼 선물

나현생각 112

43년 된 성전이 재개발로 인해 허물어지고 더 좋은 곳으로 이전하여 새로 짓습니다.
내일 기공식인데 제가 성경을 썼습니다.
재능이 귀한 쓰임을 받게 되는 날입니다.

'주님 집에 사는 이는 복되오니 길이길이 주님을 찬미하리이다.'

선화동 성당 기공식.
2022. 04. 30.

나현생각 113

나보다 나를 더 사랑해 주는 사람들.

PART 2
엄마

엄마 1

요즘 역사에 관심 많은 큰아들.
"엄마~ 엄마가 태어났을 때 사또가 있었어요?"

너무하네.

엄마 2

자동차 이름 다 외웠더니 공룡 이름 외우라 하고
공룡 이름 다 외웠더니 요괴 이름 외우라 하네.

#아들아들 엄마 #터닝메카드 #공룡메카드 #요괴메카드

엄마 3

나도 애들 내 손으로 다 키우고
살림만 하고 싶다는 생각. 가끔.

엄마 4

나도 딸 있다!
나도 사위 생긴다.

#2017년 11월 어느 날

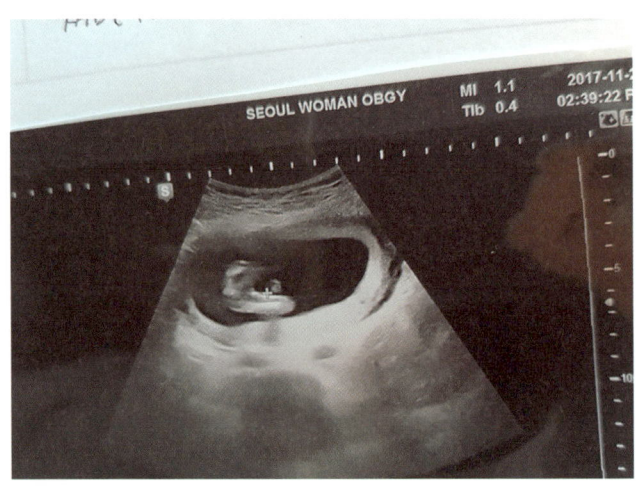

엄마 5

엄마는 지금 있는 돈이 좋아요?
아니면 앞으로 모을 돈이 좋아요?

가능성을 생각하는 아이.

#유준

엄마 6

내 아이들이 요즘
내가 씻으려고 머리를 틀어 올려 묶으면 예쁘다고 했다.
생각해 보니 머리를 묶은 채 출근한 적은 없었나 보다.

엄마 7

자고 있으면 깨우고 싶고
깨어 있으면 재우고 싶고.

엄마 8

잘해야지.
엄마는 언제나 너에게
따뜻한 사람으로 기억되도록.

#2017년 어린이날에

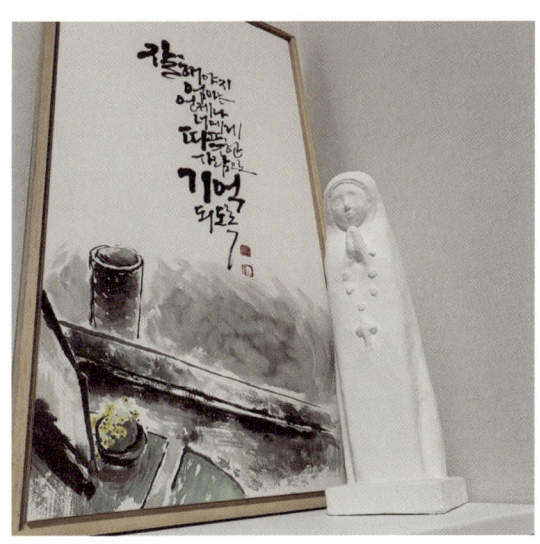

엄마 9

집 앞에 치안센터가 있는데 유안이가 경찰 아저씨들을 너무 좋아해서 지나갈 때마다 문 열고 인사하고 가끔 음료수도 사다 드린다.
오늘도 편의점 가는 길에 문틈으로 슬쩍 보고 오늘은 한 분이라 한 개를 사 왔다. 난 멀리서 지켜보고 있었다.

유안이가 문을 딱 열더니, 아주 큰 소리로

"엄마~~~~ 두 마리 있는데~~"

#2016년 글
#유안 19개월 때

엄마 10

엄마 화났어.
엄마, 왜 화났어요.
유이 때문에 화났어요?
엄마, 왜 화나요.
사이좋게 지내자.

#유이 4살

엄마 11

엄마 느린 사람도 좋은 거예요.
꽃이 흔들리는 것도 볼 수 있고
구름이 지나가는 것도 볼 수 있고
해가 지는 것도 볼 수 있어요.

#유준 5살

엄마 12

첫째는 설렘으로 키우고
둘째는 오냐오냐 키우고
셋째는 새로움으로 키우네.

엄마 13

'결혼'으로 2행시를 지어보세요.

결 : 결판을 내요.
혼 : 혼수를 준비해요.

#유안 7살

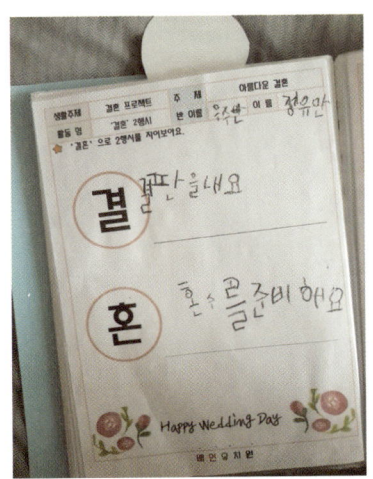

엄마 14

해석 : 세상에서 인기 많은 우리 엄마
일하느라 못 놀아주시고 괜찮아요.
그래도 괜찮아요. 나 내년에 8살이에요.
그래도 저희는 괜찮아요.
다음에는 꼭 놀아주셔도 괜찮아요.
저는 이제부터 안 울 거예요. 사랑해요.
난 이제부터 사랑합니다.
저는 4월 14일(생일)
유안이는 용감해요.
너무 사랑해요.
그리고 사랑해요.
저는 이제부터 너무 사랑해요.
유안 올림

엄마 거예요.
너무 사랑해요.

후렴이 거듭되는 걸 보니 노래 같기도 하고.

세상해서 인기 많은 우리엄마 일하느라고 못 놀아주시고 괜찮아요 그래도 괜찮아요 나 내년에 나는 8살이에요 그래도 저이는 괜찮아요 단율이는 꾹꾹 참 아주셔도 괜찮아요 저는 이제부터 안울거애요 ♡ 사랑해요 난 이제부터 사랑합니다
저는 4월 14일 유안이는 용감해요 너무 사랑해요
다룬 거
그리고 사 그래 ♡ 요 저는 이제부떠 ♡♡♡♡♡♡♡♡
너무 사랑해요. ♡   너무 사랑해요 ♡
유안올림 엄마께애요

엄마 15

우리 엄마가 우리 엄마여서 참 좋다.
내가 우리 아이들에게 듣고 싶은 말.

엄마 16

뭐지, 이 흐뭇함은.

#소아과 대기 안내 모니터

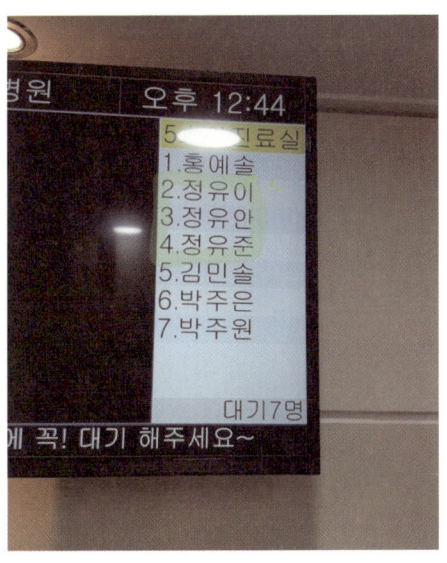

엄마 17

엄마가 좋아, 아빠가 좋아?
상처받을 준비.

엄마 18

유안이가 방금 그랬다.
엄마 넷째 태어나려면 몇 밤 자야 돼요??

응???

엄마 19

새벽에 들어와서 애들 옆에 자고 일어나니
유안이가 웃으며 말한다.

"엄마, 나 엄마가 보고 싶었어.
나 아빠랑 함께 있었는데 엄마가 보고 싶었어."

엄마 20

왜 아빠 다리에는 새싹이 피었어요?

#유안 5살

엄마 21

"엄마! 내 코가 코딱지의 집이야?"

#유안 6살

엄마 22

이거 아는 사람?
단감 씨앗 속 숟가락.

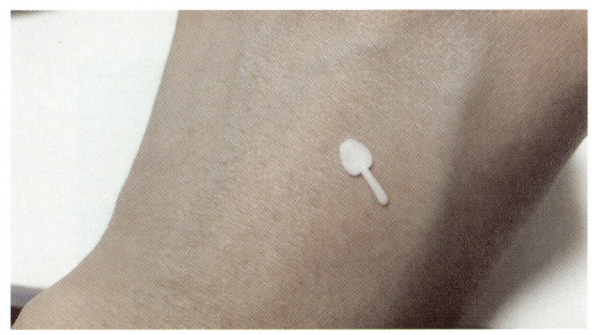

엄마 23

말하는 대로.
생각하는 대로.

엄마 24

갖고 싶었다.
초등학교 3학년 때
시골에서 전학 오자마자 놀러 간
같은 반 쌍둥이 친구네 집.
처음 가본 아파트.
처음 타본 엘리베이터, 처음 본 2층침대.
친구가 누워보라고 해서 누워보고.
이런 침대를 놓을 방도 없던 우리 집 단칸방 네 식구 시절.

받은 지 2주 됐는데 너무 좋아서 자랑하고파.
너무 좋은 침대이거나 나의 마음이거나.

엄마 25

12주 = 84일.
아침마다 8시 30분에서 9시 사이에 주사.
이 시간을 고른 이유는, 새벽 수업 있는 날은 수업 끝나고 오면 다음 수업 가기 전까지 가능한 시간이기 때문이다.

원래 고양이 복막염은 치료 없이는 한 달 안에 죽는다는 병이다.
특히 구름이는 상태가 너무 나빠 병원에서도 포기했던.
희망적인 얘길 듣고 싶어서 병원을 다섯 군데나 갔었다.
지금은 몸무게가 두 배 늘었다.
다이어트도 작심삼일인데 하루도 빼먹지 않고 하다니.
내 손으로 살려낸 구름이, 우리 오래오래 살자.
다음 주에는 아침마다 주사 놓느라 찾아 먹지 못한 휴가를 갈 거다!

#고양이 복막염 투병기 #완치

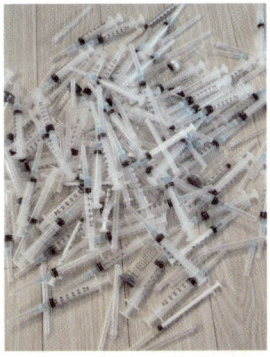

투여일시 : 2023. 8.30 9:20
체중: 3.13kg
체중당투여량 : 10mg/kg
사용약 : gs441524 20mg/ml
투여량: 3.13(kg) x10 (mg/kg)
÷ 20(mg/ml) = 1.565

구름이 84일차!! 종료
투여일시 : 2023. 9.1 8:55
체중: 3.07kg...
♡ 3

[구름이 19일차 투여함]
투여일시 : 2023. 6. 28 8:45
체중: 2.3kg...
♡ 3

[구름이 20일차 투여함]
투여일시 : 2023. 6. 29 8:55
체중: 2.023kg...

구름이 80일차 투여함
투여일시 : 2023. 8.28 8:30
체중: 3.12kg
체중당투여량 : 10mg/kg
사용약 : gs441524 20mg/ml
투여량: 3.12(kg) x10 (mg/kg)
÷ 20(mg/ml) = 1.56

구름이 81일차 투여함
투여일시 : 2023. 8.29 8:10
체중: 3.13kg
체중당투여량 : 10mg/kg
사용약 : gs441524 20mg/ml
투여량: 3.13(kg) x10 (mg/kg)
÷ 20(mg/ml) = 1.565

구름이 79일차 투여함
투여일시 : 2023. 8.26 8:55
체중: 3.15kg
체중당투여량 : 10mg/kg
사용약 : gs441524 20mg/ml
투여량: 3.15(kg) x10 (mg/kg)
÷ 20(mg/ml) = 1.575

투여일시 : 2023. 8.27 8:35
체중: 3.18kg
체중당투여량 : 10mg/kg
사용약 : gs441524 20mg/ml
투여량: 3.18(kg) x10 (mg/kg)
÷ 20(mg/ml) = 1.59

[구름이 18일차 투여함]
투여일시 : 2023. 6. 27 8:48
체중: 2.0kg...

[구름이 17일차 투여함]
투여일시 : 2023. 6. 26 9:05
체중: 2.0kg...

구름이 76일차 투여함
투여일시 : 2023. 8.24 8:54
체중: 3.15kg
체중당투여량 : 10mg/kg
사용약 : gs441524 20mg/ml
투여량: 3.15(kg) x10 (mg/kg)
÷ 20(mg/ml) = 1.575

구름이 77일차 투여함
투여일시 : 2023. 8.25 8:30
체중: 3.15kg
체중당투여량 : 10mg/kg
사용약 : gs441524 20mg/ml
투여량: 3.15(kg) x10 (mg/kg)
÷ 20(mg/ml) = 1.575

엄마 26

나 어릴 적에 살던 동네에는 재활용센터가 있었다. 내가 중학교 1학년 때 모든 면에서 열정적이셨던 담임선생님께서는 반 아이들에게 아침마다 우유를 먹고 팩을 씻어 말린 후 펼치는 걸 가르쳐 주셨다. 보통은 초록색 우유 박스에 먹고 난 팩을 그대로 넣으면 당번이 수거장으로 가져간다.

그렇게 몇 달간 모은 쌀자루 2개에 담은 우유 팩을 동네 재활용센터에 갖다주면 센터 아저씨가 누리끼리한 색의 재생 화장지 10롤짜리 2개를 주셨다.

고등학생 때 다른 동네로 이사 가고 타지에서 대학 다니고 직장생활 했는데, 어쩌다 보니 이 동네 사는 남자를 만나 결혼하고 어릴 적 살던 이 동네에서 다시 살게 됐다.

그리고 뱃속 아기 생각해서 좋아하지도 않는 우유를 배달시켜 먹다 보니 옛날 생각이 났다. 우리 동네에 아직도 그 재활용센터가 있다. 우유 팩을 깨끗이 씻어서 뒤집어 말렸다가 네모나게 펼쳐서 2년을 모았다. 이만큼.

학교에서는 하루 50개씩이니 두어 달이면 화장지를 얻을 수 있지만 혼자서는 참 오래 걸리는구나.

그래도 이 정도면 화장지 2롤은 얻지 않을까.
글과 사진으로 기록해서 나중에 우리 아기에게 말해주면 좋은 본보기가 되지 않을까.

유안이가 어느 정도 클 때까지 모아서 함께 손잡고 화장지 바꾸러 갈까도 생각했는데 그러기엔 집이 너무 비좁다.

다음 날 그 재활용센터로 갔다.

아이들이 모아온 우유 팩과 빈 병을 바꿔주던 엿장수처럼 소박하던 그곳은 중고 가구 · 가전 매장으로 바뀌었다.

간판만 재활용센터였네.

오늘 아파트 분리수거장에 갖다 버려야겠다.

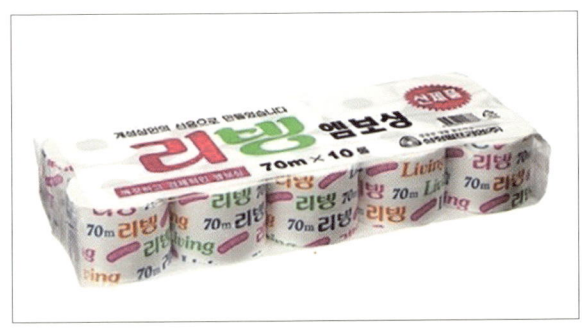

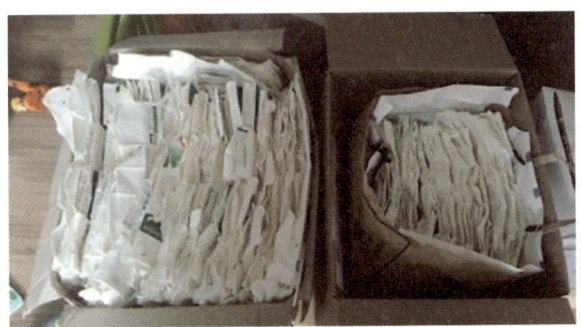

엄마 27

생일 선물로 문어 인형이 갖고 싶다
하면 몸집만 한 거 하나씩은 안겨줄 수 있는 엄마.

#엄마 클라쓰
#사격

엄마 28

주렁주렁 내 열매들.

엄마 29

김나현 자녀, 정유이.
그리는 거 아니다.

#눈콕

엄마 30

흔히 볼 수 없는 진풍경.
엄마 물 뜨러 나오면 줄줄이 따라 나옴.

#독감패밀리 #합동입원

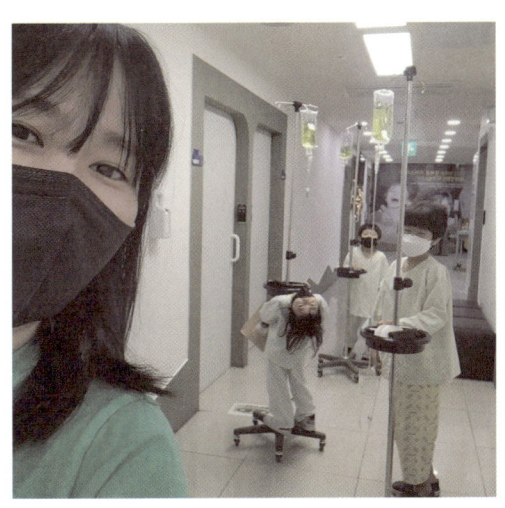

엄마 31

다음 달 여행을 위해 여권 사진을 셀프로 찍어보아요.
3년 만의 해외여행이라…!!
1번, 2번, 3번 쪼르륵 모아놓으니 너무 예쁘고 든든하고 뭉클.

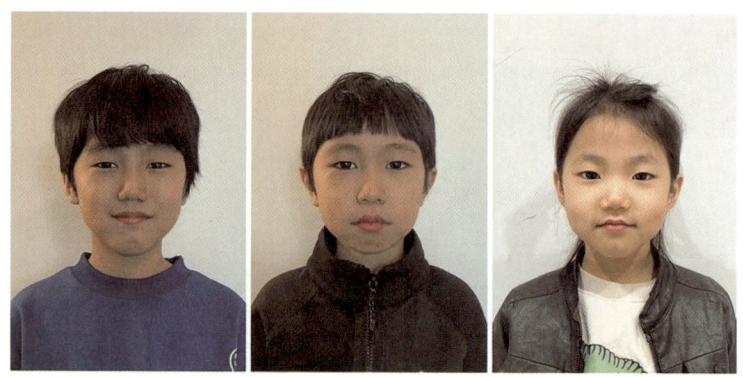

엄마 32

유이야,
엄마 예쁘게 찍어줘서 고마워.
얼굴이 반쪽이네.

엄마 33

남자는 핑크지!

엄마 34

엄마가 미안해.
다신 밥 달라고 안 할게.

엄마 35

학교 끝나고 친구들과 집에 가는 길에
한 명은 문방구로 들어가고
한 명은 식당으로 들어가고
한 명은 미용실로 들어갔다.

나도 내 엄마가 다른 엄마들처럼
늘 그 자리에 있었으면 좋겠다고 생각했다.

30년 후, 지금의 나는
내 아이들이 오면 그 자리에 있는
영어학원 원장이다.

엄마 36

엄마 사춘기가 뭐예요?

음… 사촌오빠(중2) 지금 말 안 하지?
'엄마, 엄마' 하지 않지? 그게 사춘기야.

그럼 어린이인데 어른처럼 하는 게 사춘기예요?

#유이 7살

엄마 37

엄마, 왜 우리 집에는 수컷이 더 많을까?

#유이 7살

엄마 38

영어학원에 오면 원장님이라고 불러야 한다.
익숙해진 삼 남매.
"원당님~~~" 부를 때마다 많이 귀엽다.

엄마 39

눈 뜨자마자 유안이가

유준아 일어나 엄마 왔어.
엄마 언제 왔어?
일 다 하고 왔어?
아빠 말씀 잘 듣고 있었어.

#유안 4살

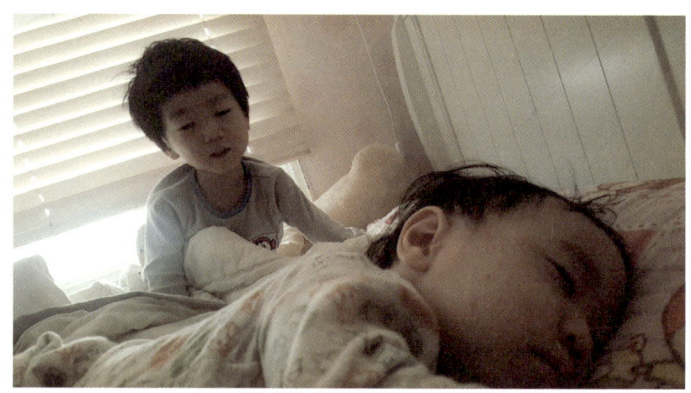

엄마 40

피로누적
노숙모드
주말엄마
체력방전
벤치에서
쪽잠자기
황금주말
아이들과
놀러가기
아기돼지
뮤지컬과
키즈카페
아침부터
저녁까지
같이놀기

PART 3
원장

원장 1

어떤 책도 그래.
좋은 건 새겨듣고 나랑 맞지 않는 건 거르면 돼.
더 잘 맞는 방법으로 업그레이드하면 더 좋고.

원장 2

강연 준비 중에
어떻게 해야 말을 잘할 수 있을까 - 가 아닌
어떻게 해야 나의 노하우를 잘 나눠줄 수 있을까 - 하니
쉬워졌다.

원장 3

텃세(사전적 의미) :
먼저 자리를 잡은 사람이 뒤에 들어오는 사람에 대하여 가지는 특권의식, 또는 뒷사람을 업신여기는 행동

텃세(나현 생각) :
조금 가진 사람이 조금 덜 가진 사람에게 부리는 심술

원장 4

18년 전
영어학부 1학년 2학기 학생이 학원에 첫 면접을 보러 갔을 때 구직사이트에 올린 자기소개서가 인상 깊어서 어떤 인물인지 얼굴이나 보고 싶었다며 불렀다고 했다. 채용할 생각은 전혀 없어 보였다.

'주제에 강사를 하겠다니.'라는 생각이셨겠지.
그렇게 시작한 보조 강사가 4년 후엔 원생 400명 어학원의 주임 강사.

지금은 사장, 원장, 협회장, 심사위원.

#긍정의 힘
#영어와 캘리그라피의 상관관계
#결국은 같은 맥락
#그 원장님이 〈서민갑부〉를 보셨을까
#구직사이트 자소서 내용 중 발췌

저는 영어 교육에 깊은 열의를 갖고 있고
제가 여러 가지 방법으로 터득한
영어학습의 경험을 바탕으로
영어를 어려워하는 학생들의 마음을 헤아려
더 쉽고 흥미있게 이끌어 갈 수 있습니다.

마지막으로 저는
아이들을 사랑하고
학부모님을 감동시킬 수 있는
아이디어와 능력이 있습니다.

외국어교육 > 영어강사, TESOL
자격증·기술·전문교육
학원·어학원·교육원 > 어학원, 학원강사
학습지방문교육

위의 모든 기재사항은 사실과 다름없

작성자: 김나현

원장 5

온라인 수업을 2007년부터 시작했다.
17년 전이다.
지금은 줌(ZOOM)으로 하고 있지만 그땐 스카이프(SKYPE)로 했었다. 멀리 있는 학생들도 이 방법으로 과외했다.
결혼과 출산에도 수업을 계속할 수만 있다면 뭐든 시도했다.
지금 모습과 크게 다르지 않다.
화면 속 아기가 이제 13살이다.
화면 속 학생은 올해 29살이다.
지금은 온라인으로 캘리그라피 수업을 하고 있다.

 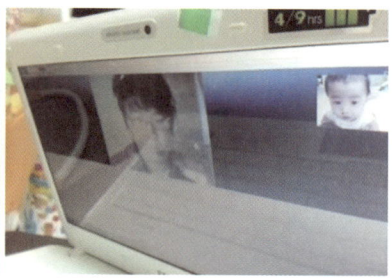

원장 6

17년 전
초등부 영어 강사 2년 차쯤 됐을 때였어요.
제가 맡은 반은 속되게 말해 '꼴통반' 12명.
원장님이 이 반은 학원에 즐겁게 다닐 수 있게만 해달라 하셨어요.
곧 영어 능력 급수 시험이 있었는데 원장님이 물었어요.
"선생님 반도 해볼래요?"
"네, 네!" 했더니 원장님은 크게 기대하지 않는 눈치였어요.
이번에 급수 나오면 홍보용 큰 현수막 거신대요.
원장님 반은 1, 2급을 목표로 했었거든요.
전 그때부터 주말마다 아이들을 불러내서 인라인스케이트 타고, 방방 태워주고 김밥, 떡볶이도 사줬어요.
그 후 아이들이 시키지도 않은 공부를 하는 거예요.
수업이 끝나도 집에 가지 않은 채 자기들끼리 남아서 공부하고 빨리 읽기 초시계 재고, 예상 단어 외우고.

결과는?

저희 반 아이들 2급 한 명, 3급 여러 명, 4급 한 명 나오고
원장님 반 아이들은 2급 한 명, 다 3, 4, 5급까지
예상치 못한 결과에 현수막은 안 걸렸어요.
그 뒤로 허름한 우리 학원에 근처 대형 학원 다니던 아이들이
많이 옮겼어요.
꼴통 중 한 명은 건국대 신문방송학과 갔어요.
공부를 '시킨다'가 아니라 '하게 만든다'가 제 뜻이에요.

초등학생이든 성인이든,
영어든 캘리그라피든 맥락은 같다는 생각이에요.
그 원장님, 제가 존경하는 분이었어요.
마음이 무한대로 넓고 교육에 열의 있는 분.
다만 성장하는 아이들의 가능성을 인정하지 않으셨을 뿐.

원장 7

길을 잘못 들어서면
먼 길을 돌아서 와야 한다.
처음부터 길을 잘 선택해야 한다.
반드시 지름길이 있다.
'제발 좀 묻고 가자.'

글씨도 마찬가지다.

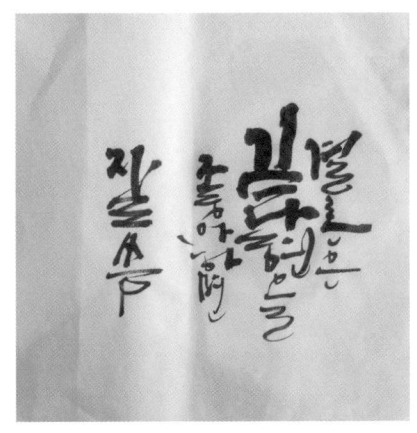

원장 8

대기업이 못 하는 일.
작은 골목에 공방을 내는 일.

거꾸로 말하면 '대기업이 그따위 걸 왜 해?' 하겠지만
나는 반대로 생각했다.
'아직은 붕어빵 장사를 해도 잃을 게 없는
나 같은 사람만 할 수 있는 거다.'라고 생각했다.

2014년 5월 아파트 방 한 칸에서
2016년 4월 7평 공방에서 시작한
'아인캘리그라피', '은방이네'는
이제 수백 명의 수강생과 수천 명의 고객이 있는 단체이고
디자인 업체다.

원장 9

보다 열심히 하게 하려면
입학시험을 보게 하면 되지.

#아인캘리그라피디자인학원 입학전형

원장 10

엄마같이 생각하던 사람에게
"네가 제일 잘나가는 줄 알지?"란 소리를 들었을 때.

#슬픔

원장 11

한 제자가 무척 뛰어나다(청출어람).
스승 입장에서는 이자가 예쁠까 거슬릴까.
내 새끼가 엄마 닮아 잘났다는데 왜 좋지 않을까.
내 새끼가 나보다 잘되면 질투 나요?

나는 겸손한 제자 별로예요.
'엄마 닮아 못생겼어요.' 하는 것 같아서
'엄마 닮아 공부 못해요.' 하는 것 같아서
곧 내가 잘못 키웠다는 얘기인 듯해서.

내가 생각하는 겸손은
무르익은 사람이 자신을 낮추는 태도.
아직 익지 않은 꿈나무들은 겸손하지 않아도 돼요.
한껏 자신을 드러내고 자랑하세요.

원장 12

어떤 땐 상품을 때려치우고 수업만 할까 싶다가도
어떤 땐 수업 다 때려치우고 장사만 할까 싶어요.
그래서 균형이 맞는 거 아닐까요.

원장 13

그걸 알았네.
10개만 그릴 수 있는 사람은
자신의 것을 지키지 못해 안달하고
1,000개를 그릴 수 있는 사람은
1,000,000개도 그려내 줄 수 있다는걸.

#내 스승님

원장 14

* 접근 방법
아래서부터 생각하는 사람.
위에서부터 생각하는 사람.

ex) 영어 강사가 되고 싶은 사람.
아래서부터 생각하는 사람.
꿈을 꾼다. - 정규 교과과정을 마친다. - 20세 대학 입학 - 어학연수, 유학 - 취업 - 실무경력 쌓기 시작 - 나이 29세 경력 1년

위에서부터 생각하는 사람.
꿈을 꾼다. - 학원에서 일하면 선생님이라 생각 - 무스펙 무경력 - 무보수 셀프 제안 - 대신 꼭 필요한 존재가 되기로 함. - 급여 점점 인상 - 29세 경력 4년

스펙 좋은 강사들보다 먼저 주임 강사가 되고
강사를 교육하는 교육실장이 되고

스펙 좋은 강사들보다 연봉을 더 많이 받고.

이것은 25세에 대학 입학한 나의 이야기.
지금도 크게 다르지 않은 이야기.

원장 15

콕 집어서 추천하면 결정에 앞서 고민 많은 분들께 희소식.

원장 16

자식 잘된다고 배 아픈 부모 없다.

원장 17

좋아하는 사람과 아닌 사람의 여부와 관계없이
나에게는 독이 되는 사람과 아닌 사람을 구별해야 한다는 것.
슬프다.

원장 18

충성하던 개가 주인을 물었는데
그 주인은 물린 데가 아플까, 마음이 더 아플까.

원장 19

최고의 즐거움과 초절정의 스트레스.

원장 20

솔직히 말하면 요즘 내 인생이 많이 편해졌다.
수, 목, 금요일만 수업하면 주말은 가족들과 보내고
월요일마다 골프, 화요일마다 서예
취미 시간 갖고 또 여행으로 며칠 자리를 비워도 손발이 착착
맞는 든든한 직원들이 있어 리스크가 없는 완벽한 워라밸.
남 부러울 게 없는 삶이다.

사실 수, 목, 금도 새벽 수업만 마치면 오전은 자유시간.
내 아지트 카페508에 들러 아이스 라테 마시며 주문 작업하고 돌아와 수업하고 오후는 사람들을 만나고 아이들을 챙길 시간이 충분하다. 이런 삶이 또 있을까 싶었다.

그런데 좀 심심했다.
내가 무척 게으르다는 생각이 자꾸 들었다.
분명 할 일이 차고 넘치는 사람인데.
뭘 해야 무료하지 않을까.
며칠을 상상(고민 아님)하다가 이거다! 하는 일을 저질렀다.

며칠 새 꽤 큰 돈을 썼다.
돈을 들이부었으니 이젠 대충 하면 안 된다. 다시 열정이 차오른다. 박진감 넘치는 나날을 보내고 있다.
그나저나 난 베짱이는 아닌가 보다.

#이공오영어학원의 시작

원장 21

권력을 사용하는 방법.

#6년째 쌀 기부

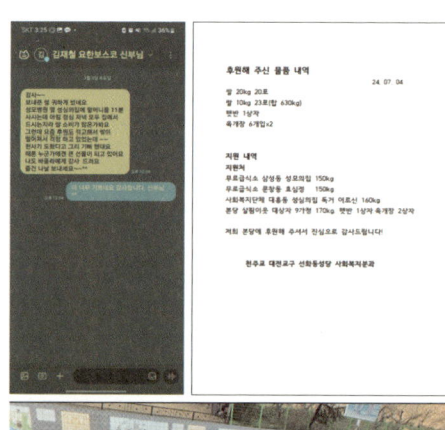

원장 22

책에도 나와 있다.
돈 버는 방법은 '상대를 행복하게 해주기'라고.

'은방이네'의 슬로건은 '행복을 대신 전해드립니다.'
'이공오'의 슬로건은 '아이들이 행복한 학원'

원장 23

나를 응원하는 디엠을 주셨다.
시작하기도 전에 같은 업계 선생님께 인정받았다.
감사 또 감사.

> 저는 소소하게 수학,영어 가르치는 과외 쌤 입니다~와이프도 학원에서 초중등 가르치는 쌤이에요~와이프가 너무 좋은 학원이 송촌동에 생겼는데 꼭 성공했으면 좋겠다고 하더라고요~쌤의 지금 같은 긍정 마인드로 학원 운영하시면 정말 좋은 결과있을것 같아요~시간이 걸리더라도 포기하지마시고 보기좋게 성공하셨으면 좋겠어요~이공오 끝까지 응원하겠습니다~^^

원장 24

오늘은 특히 더 벅찼다.
이렇게 좋은 사람들이 내 사람들이라니.

새벽 5시 기상
6시~7시 30분 온라인 13기(목) 수업
7시 35분~7시 45분 택시 호출, 이동(대전역 5분 거리)
7시 51분 KTX
9시 5분 서울역 도착
10시 심사 시작
12시 심사 종료
12시 20분 갑자기 몸이 안 좋아서 바로 보이는 병원으로
오후 1시 수액 맞고 누워 있다가 점심시간이어서 아픈 배를 부여잡고 나옴
1시 40분 제자님들 만나 식사, 티타임
4시 40분 서울역으로 이동
5시 32분 기차 탑승(정확히 32분에, 100미터 달리기 16초 끊던 정신력으로 탑승)

6시 37분 대전역 도착, 캘리그라피 학원 이동
7시 목요 저녁반 수업
9시 수업 종료, 귀가

#내일은 영어학원에 출근해야지
#아참 오늘부터 개인전이었지
#아참 내가 애가 셋이었지

원장 25

나는 글씨 선생이다.

수강생의 장점을 매의 눈으로
파악해서 극대화시켜 주는 게 내가 가장 잘하는 일이다.
어쨌든 자꾸 주고 싶은 스승이다.
가르치는 일이 천직이라 생각한다.

15년 전 3년 차 영어강사 구직 당시 자기소개서에
보통 80을 아는 강사가 60을 가르치는데
나는 60을 아는데 80을 가르칠 수 있다고 했다.
그리고 그 말대로 했다.
스펙은 가장 별로인데 월급을 가장 많이 받는 강사가 됐다.
나는 큰 나무다.
큰 나무는 작은 일에 흔들리지 않는다.
나는 엄마다.
엄마는 자식한테 텃세 부리지 않는다.

원장 26

2015. 11. 1. 꿈, 블로그를 보다가 발견한 7년 전 글
집에서 첫째, 둘째 번갈아 업고 지문트리 그릴 때
2014. 4. 돌잔치 후 포스팅한 엄마표 지문트리 문의가 많아져서 5월부터 블로그에서 판매 시작
2015. 2. 둘째 출산
2016. 4. 7평 공방 오픈
2017. 3. 6평 2호점 오픈
2018. 4. 40평 학원 설립
5. 셋째 출산
2019. 1. 캘리그라피협회 설립
2020. 문화예술대학원 조형미술학과 입학, 〈서민갑부〉 출연
지하상가 '은방이네' 오픈
2021. 서예 입문
2025. 첫째 6학년, 둘째 3학년, 셋째 1학년
일을 열심히 했더니 아이들이 다 커버렸네

재산 부자보다는 사람 부자가 됐다.
저 꿈은 잊을 수가 없다.

원장 27

위 2023년 8월, 아래 2024년 5월
작년에 단기 파트타임으로 근무했던 미국 유학 중인 영어선생님이 다시 찾아오셨다.
별로 잘해준 것도 없는 것 같은데
너무너무 반갑고 고마워요.

원장 28

고마워. 이렇게 멋지고 완벽한 학원이라니.

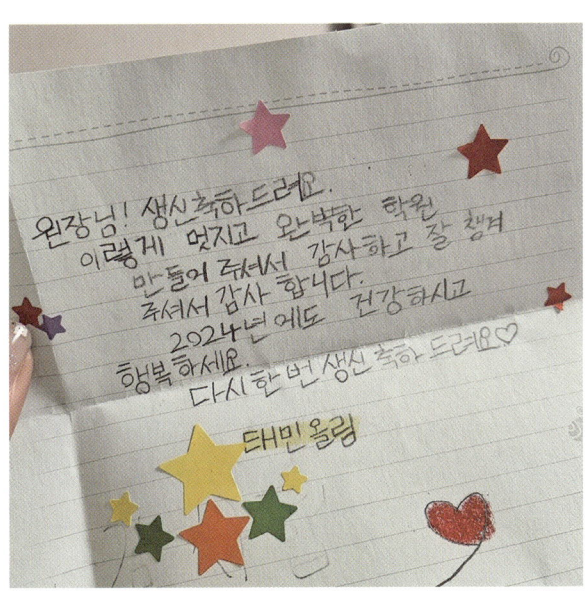

원장 29

유튜브 시작한 지 2년
구독자 1만 명 알림이 왔다.
나의 채널이 도움 많이 된다는 구독자분들께
더 좋은 영상을 드릴 수 있게 분주히 움직여야겠다.

원장 30

최근 몇 년간 제일 억울한 일은 새벽 수업 휴강일인데 깜박한 것.
(보통 한 학기 종강 후 한 주 휴강 - 준비 기간)

차 한 잔 준비해 놓고 줌 접속 후 기다리는데, 6시가 다 돼가는데
왜 아무도 안 오시지?…
그때부터 느낌 싸아… 하는 거다.
근데 오늘도 그런 날이었다는 거다. 세상 멍청이.

그래도 우리 학원은 조명이 참 예쁘군.
직원과 수강생을 위한 음료수 냉장고도 잘 유지되고 있다.
하하.

원장 31

어제 점심 먹으러 나갔다가
선화동 낡은 길이 너무 예뻐서
예쁘다 예쁘다 했다.

내가 붓으로 담는 골목길이 좋다.
이제 이런 거 그만 그려야지 싶다가도
어릴 적,
우리 가족 살던 그 길과 닮아서 버리지 못하겠다.

원장 32

프로필부터 저작권, 도용 운운하는 인스타 계정은
우리 동네 개 조심 대문 보는 것 같네.

원장 33

심사 다녀오다.
어딜 가나 최연소 심사위원.

원장 34

총 8개월의 온라인 수업.
길다면 긴 여정이 끝나고 나는 또 선물을 받았다.
수, 목, 금 새벽 4시 50분 알람에 나를 눈뜨게 하는 원동력이다.

원장 35

손 편지만큼 오래 남는 것도 없는 것 같다.
7년째, 매년 손 편지를 전해주는 예쁜 제자.
보다 잘 살아야겠다고 생각하게 해주는 사람.

PART 4
사장

사장 1

나이 먹을수록 아는 것만 많아지고
몰라도 되는 것들도 알게 되고.

사장 2

누군가는 내 얘기를 듣고 가슴이 두근거릴 것이고
누군가는 나와는 거리가 먼 얘기라 생각할 것이다.

사장 3

저는 사장을 해야 해요.
의지가 약해서 자주 포기를 하거든요.
사장은 함부로 그만둘 수 없잖아요.

사장 4

연거푸 사랑에 실망해서
자신을 맘껏 좋아하지 말라는 사람도 있다.
나는 사랑받을 준비가 되어 있다.

사장 5

디딤돌이 되진 못할망정
걸림돌은 되지 말아야지.

사장 6

저기 큰 나무만 보고 달리면
눈앞 잔가지들은 신경 쓰이지 않는다.

사장 7

별 뜻 없는 말을 하나하나 곱씹어 생각하고
왜곡해 해석하는 사람은 예민한 건지 비뚤어진 건지.
그런 건 콩깍지 쓰인 남친한테나 해.

사장 8

상권과 경쟁자
만약 내 옆 상가에 캘리그라피가 들어오면

보통 사람들의 생각 – 경쟁자
나의 생각 – 이곳은 특화 거리가 됨.

이미 형성된 특화 거리에 들어가려면 권리금 줘야 하잖아요.
나는 가만히 있는데 알아서 들어와 만들어 주니 얼마나 고마워요.
그러니 어서 많이 많이 들어와 주세요.
더 큰 캘리그라피 시장이 자리 잡을 수 있게.

사장 9

소신도 중요.
고객의 취향도 중요.
가요로 따지면 대중성.

순수 예술인한테 욕먹는 대중 음악인을 보며 든 생각이다.
돈 되는 일은 욕을 먹는다.
예술도 돈이 있어야 할 수 있다.

사장 10

도전이 두려운 이유는 혹시 모를 리스크 때문인데 그 리스크로 인한 타격이 크지 않는 범위 안에서 사업을 실행한다.
'이번에는 이 정도만 해보자. 시작해서 성공하면 확장하고 결과가 좋지 않으면 다시 해보거나 포기하면 돼.'
이런 생각을 가지고 일을 벌여나갔다.
확신을 가지면 주로 성공하는 편이다.

사장 11

물 들어올 때
노 저으라고 하잖아요.

혹시 알아요?
노 젓고 있으면 물 들어와 줄지.

사장 12

카페 사장님이 되어보고 싶었다.
식당 사장님이랑 편의점 사장님도 되어보고 싶었는데
그건 좀 힘들겠지.
손님들에게 잘할 자신 있는데 말이야.
장사는 서비스가 생명이니까.
몇 번 실패하면 어때.
경험을 샀다고 생각하면 되지.

공사 중인데 벌써 예쁘다.
심심할 틈 없는 사람.

사장 13

나는 장사를 할 때도 사업을 한다고 했다.
내 공방을 회사라고 했다.
'원장님'이 되고 싶어서 학원 등록을 했다.
나 혼자 현수막 디자인을 할 때도 손님에게
"안녕하세요, 디자인팀입니다."라고 했다.

내가 말하던 대로
진짜 사업을 하고 회사가 되고
디자인팀 스태프가 3명이나 있는 지금.
아인컴퍼니를 꿈꿨을 뿐인데
아인컴퍼니가 됐다.

말하는 대로, 생각하는 대로.

사장 14

드라이플라워는
일 년밖에 못 가요. 대신
석 달이나 가요. 라는 긍정어로

3만 원짜리 꽃다발을 선물하잖아요.
근데 여기는 글씨까지 써주네.
꽃다발은 며칠밖에 안 가는데
드라이플라워는 석 달이나 가요.

#발상의 전환

사장 15

늘 이제 시작인 마음으로.

사장 16

나는
교육 '사업' 하고
상품 '판매'하는 사업가다.
더 좋아하는 말로는 장사꾼.

난 나를 예술가라고 한 적 없다.
속 좁은 예술인들과 같은 취급 받기 싫다.

사장 17

내 요즘 소원은 내 장례식에 조문객이
발 디딜 틈 없이 넘치게 와주는 거다.

사장 18

사장님 소리 들을 때는 원장님 소리 듣고 싶었는데
날마다 원장님 소리 들으니까 사장님 소리 듣고 싶다.

#변덕스럽군

사장 19

나는 18세부터 25세까지 식당에서 일을 했다.

어리지만 식당이 내 것인 것처럼 일을 했다.
나에게 친절한 손님들에게는 음료수를 서비스로 줬다.
월급에서 제하시라고 사장님께 말씀드렸는데 그러신 적은 없다.
사장님은 다른 직원들 몰래 내 월급을 올려주셨다.

나는 20년 전에도 나만의 사업을 했고 지금도 하고 있다.
그때의 경험들이 지금의 나를 더 단단하게 만들었다.

사장 20

장사가 쉬운 줄 아세요?

그래서 전 예술 한다고 하지 않잖아요.
글씨 쓰는 사람도 배가 불러야 오래 글씨 쓰지요.

사장 21

내가 용돈만 벌려고 시작하면 딱 용돈만 벌어요.
용돈만큼만 노력하기 때문이죠.

한 달에 3만 원 수강료 내면 딱 3만 원어치만 늘어요.
버려져도 아깝지 않은 돈이기 때문이죠.

사장 22

그동안은 잔가지들을 수없이 만들어 냈다면
이제부터는 이 가지들을 튼튼하게 가꾸어야 할 차례다.
얕은 내 경험치를 깊이 뜸 들여 익힐 차례다.

사장 23

적이 없다는 건 아군도 없다는 뜻이야.

사장 24

정말 싫은데
자꾸 떠올리고 싶은 기억.

사장 25

설레는 일을 지향합니다.
설레는 물건을 사는 일, 설레는 대상을 배우는 일,
설레는 사람을 만나는 일, 설레는 음악을 듣는 일,
제 모든 행동은 설렘을 추구합니다.

사장 26

내가 오너를 하는 이유는
게을러서요.
궁둥이가 무거워서요.
누구에게 시키면 되니까요.

사장 27

이렇게 되니 명동이나 강남 한복판에
들어가고 싶다는 생각.
아.트.박.스. 대신에 '은.방.이.네.'

사장 28

자만심과 자신감.

사장 29

속았다.
악어의 눈물.

사장 30

일을 추진하는 용기.
벌인 일에 대한 책임감.
실수를 수습하는 능력.

이거면 돼.

잘해보자.
지금처럼만 하면 돼.
남부럽지 않게 해줄게.

이지원 팀장 첫 근무 시절
자꾸 실수해서 미안해하는 그녀에게 보낸 카톡.

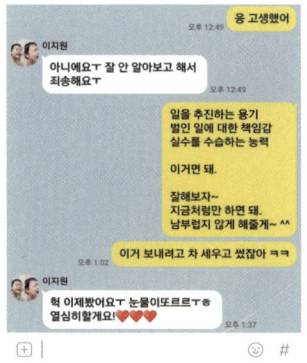

사장 31

뒤에선 호박씨 까고
앞에선 아닌 척하긴 싫다는 거죠.

앞뒤가 똑같아야죠, 사람이.

사장 32

되게 바보거나
되게 똑똑하거나.

사장 33

한 달 동안
나는 수백 명의 고객을 얻고
몇 명의 고객을 잃었다.

전화 연결 안 됨 불만, 답변 지연 불만, 배송 사고, 발송 누락.

나는 그 몇 명에 마음이 아프다.

#2020 〈서민갑부〉 방송 한 달 후

사장 34

누군가 그대에게 고민을 말한다면
그냥 들어주는 거다.
충고가 아니라.

사장 35

낯간지럽게 댓글 쓰기 있기 없기.

사장 36

하늘 높은 줄 모르고
나는 성장하고 있다.

사장 37

제가 생각을 해보니
소그룹을 이끄는 사람은 강한 자인 것 같아요.
그것보다 큰 그룹을 이끄는 사람은 덜 강한 자였고요.
대그룹을 이끄는 사람은 부드러운 자였어요.

저는 더 부드러워져야겠어요.

사장 38

어느 직군에서든
능력이 30%
서비스력이 70%라고 생각.

사장 39

할 일이 많아.
할 말도 많은데 말하기 싫어.

#푸념

사장 40

일주일 동안 수건 1,200장을 팔았습니다.

2018년 5월 8일 출산 당일
나의 공백에 일거리가 없을까 봐
걱정하는 직원들에게 숙제를 내준 아이디어.
대성공!

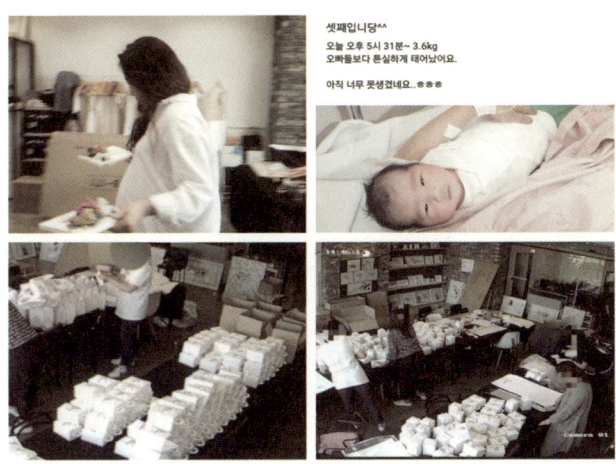

사장 41

낮말도 쥐가 듣고 밤말도 새가 듣는다.

사장 42

카카오스토리는 집 같고
인스타는 직장 같고
페이스북은 남의 집 같고
블로그는 고향집 같다.

사장 43

치고 빠지기.
이간질도 능력이다.

사장 44

비싸게 많이 파는 게 가장 좋죠.
그런데 그렇게 못 하면 콘셉트를 잘 정해야 해요.

비싸게 조금만 팔든가.
싸게 많이 팔든가.

사장 45

김 씨는 얻다 붙여도 영…
김 대리, 김 팀장, 김 실장, 김 사장, 김 여사 - 그다지인데
이 대리, 이 팀장, 이 실장, 이 사장, 이 여사 - 는 무난히 다 잘 어울리는 것 같음.

나는 김 원장, 김 사장, 김 대표, 김 작가, 김 선생, 김 쌤, 김 회장…
당신의 직함은 무엇인가요?

사장 46

3년 근속하면 '빽' 사주는 대표님, 접니다.
실장님은 루이뷔통 사주고
팀장님은 구찌 사주고
마지막으로 우리 과장님. 실상은 4년 차인데 중간 여러 이벤트로 근속을 못 해서 이제야 3년 꽉 채웠네요.
퇴사 두 번인데 그래도 다시 왔다는 건 나 좀 좋은 사장인가 보다 하며 뿌듯해하는 중입니다.
토요일 아웃렛 가서 요즘 프라다 미니백 중 가장 잘나간다는 걸로 추천해 주셔서 고이 안고 왔어요.
일부러 쇼핑백 따로 감춰두고 쿠팡 봉다리에 포장했는데 눈치가 워낙 빨라서 바로 들켜버렸네요.

맘에 들어야 할 텐데,
걱정했지만 기우였음.
가방 메고 일했음.

사장 47

사고 치고 수습 중.
책임감 최강.

사장 48

이 팀장아~ 지원아, 사랑해.
13년 지기 동생.
직원 2호.

여기는 아인컴퍼니.
'은방이네' 작업실.

사장 49

또 한 번 사고를 쳤다.
이게 사고가 될지 씨앗이 될지는 지나봐야 아는 거지만
나는 씨앗을 나무로 만드는 능력이 있다.

'된다 하면 된다가 아니라 되게 하는 것.'

내 든든한 동반자께 늘 감사.

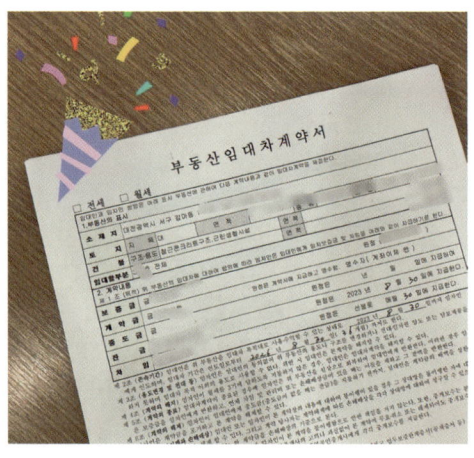

사장 50

제가 카페를 연 이유는
카페 사장님 되고 싶어서
내 카페에서 작업하고 싶어서
하루 두세 번 카페 가고 싶어서.

수익 바라지 않고요.
딱 월세와 전기세만 벌면 됩니다.
카페가 아무리 잘돼도 저만큼은 못 벌 것 같거든요.

요즘은 그다지 바쁘지 않은 것 같은데
드라마 볼 시간은 없는 정도, 대신 좀 설레는 정도
가끔 이렇게 건강한 자극이 필요해요.

거의 되어가요.
우리 곧 만나요.
처음이라 서툴러도 애정으로 이해해 주세요.

사장 51

일을 벌였다면
널리 알려서 꼭 수습하기.

사장 52

상상도 못 했던 일들이 벌어지고 있어.

#주문

사장 53

이런 말씀은 두고두고 되새기기.
에너지 떨어질 때마다 충전해야지.

한마디 선물 감사합니다.

 붓통캘리봉달
정말 대단한 에너지우먼~!!!

나도 어디가서 뒤지지않는 편이지만 나현씨에겐 일찌감치 포기.

캘리만으로도 따라가기 힘든데
순간을 놓치지 않고 최선을 다하는
육아 포스팅을 보면 앞 서 나가는 나현씨를 질투할 수 조차 없다는 ....-..-;;;

볼 때마다 감탄하고 있다오.~^^;;;

오전 7:45 · 수정됨   ♥ 좋아요

사장 54

나름 칭찬 글이었는데 난독증인가?

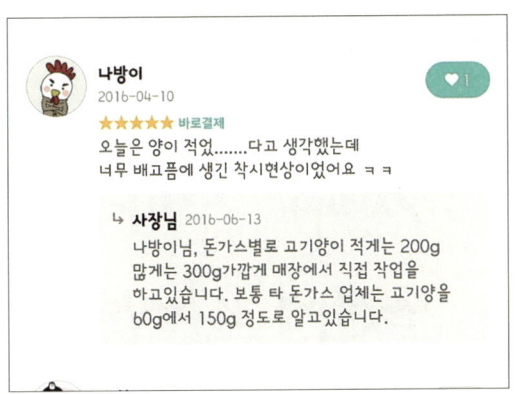

사장 55

서예를 배우면서 글씨의 스펙트럼이 넓어진 것 같다.
새로운 자형을 쓰게 되는 것에 거부감이 덜하다.
피디님이 복고 느낌을 원하셔서 내 맘에 쏙 들게 시안을 작업했는데 역시 클라이언트의 생각은 나와 다르다.
'순정'에 걸맞은 단아함을 써야 했다.
내가 생각하는 복고와 고객님이 생각하는 복고가 달랐던 거다.

내 맘에 들지 않아서 팔지 않으면 예술가다.
내 맘에 들지 않아도 고객님 오케이에 응하면 사업가다.
다큐멘터리 〈순정시대〉 타이틀 작업.

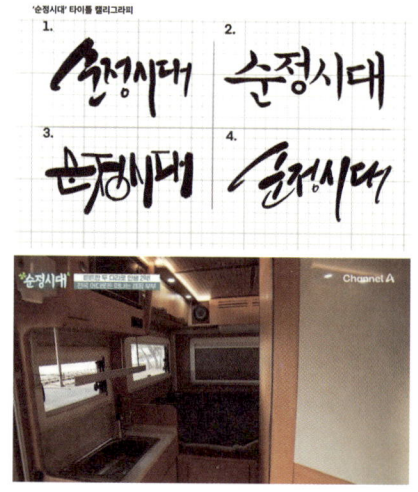

사장 56

EBS 로망대로 살아볼까.

의뢰받은 문구가 마음에 와닿으면
글씨가 휘리릭 써진다.

사장 57

이런 방 갖고 싶어서 영어학원을 한다.
-고 하면 아무도 믿지 않을 것 같지만 실은 아주 단순한 셀프 동기부여.
아주 단순한 이유들.

1. 넓은 원장실이 갖고 싶어서.
2. 우리 아빠 운전기사 시켜드리고 싶어서.
건축일 하시는 아빠 이제 은퇴시켜 드리고 싶어서.
3. 아이들 영어학원 보내야 해서.
4. 우리 동네에 영어학원이 없어서.
5. 원래 꿈이었어서.

맘에 드는 책상 사두고 흐뭇해하는 중.

사장 58

이미 일은 시작됐고
나는 수습을 하면 되는 거고
안 되면 다시 하면 되고
실패하면 경험을 얻는 거고.

내 남편이 20대에
공인중개사를 공부했던 이유는
날 만날 운명이 아니었을까 하는 생각이.
계약서 참 많이 씀.

#임대차 계약

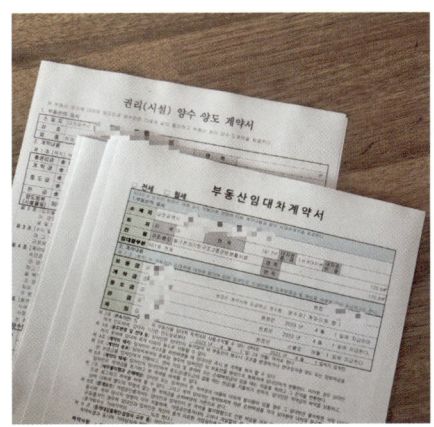

사장 59

영어학원 개원 7개월 만에 확장을 결정했다.
꿈꾸던 40명이 코앞이다.

어머님들께
1월 1일부터 한 달 내내 인테리어하고
1월 30일 최고의 모습을 갖춘 곳으로
이사할 거라고 말씀드렸더니 다들 좋아하신다.
내일만 상담 세 분 예약되어 있다.
내 상담 성공률은 90%이기 때문에 내일 37명 될 예정.
이전하면 여름방학이 오기 전에 100명이 될 것이다.
아이 하나만 낳을 거면 20평이어도 되지만 다섯을 낳을 거면
50평이 필요할 것 같은 것처럼 미리 집을 넓힐 생각이다.

상상은 내가 가진 최고의 재능.
내 최고의 편은 남편.
사랑해 내 편.

#2023년 12월
#확장 이전을 결정하고

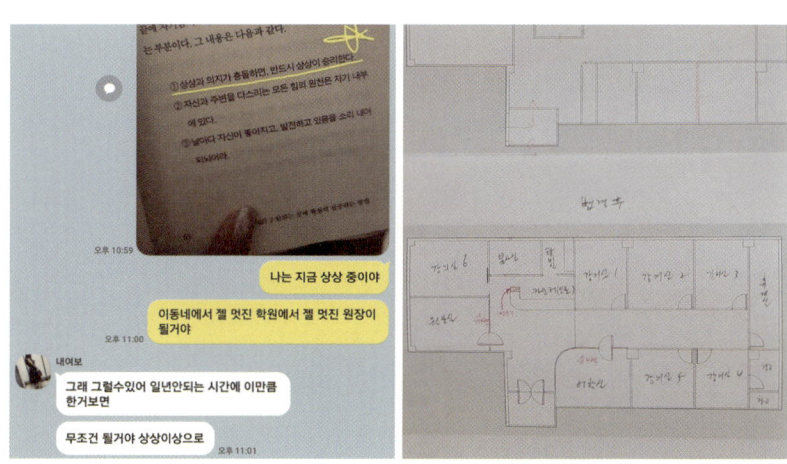

사장 60

거침없이 저지르고 수습하기.
공 던지고 미친 듯이 쫓아가기.
생각하고 그냥 하면 뭐라도 된다.

사장 61

우리 아빠 기사님.
2월 7일에 내뱉은 내 소원은
7월 3일에 이루어졌다.

사장 62

'이왕이면 버스로 하고 싶다.'가 두 달 만에 이루어짐.

짜잔~ 3호차를 소개합니다.
우리도 대형 셔틀버스가 생겼다!!

사장 63

"감사합니다. 아인캘리그라피입니다~"
상냥하게 응대하는 전화 속의 그녀들
실장님 8년, 팀장님 6년이다.
우리가 이 긴 세월을 함께했다.
늘 고마워요. 내 찐 사랑들.

PART 5
딸

딸 1

아이를 키우다 보니
제 어린 시절이 불쌍해서 눈물이 나요.

그래서 더 신나게 살고 있죠.
20년 동안 못 피운 꽃 열심히 피우는 중.

딸 2

요즘 엄마가 보고 싶다.

우리 엄마 22살 때.
아래는 37살 때.

엄마, 나는 잘 살고 있어.
아직도 가끔 미웠다가 그리웠다가 해.
돌아가신 지 12년이나 되었네.

딸 3

아빠도 나에게서 엄마를 보겠지.

딸 4

누가 봐도 반듯한 아들을 저에게 주셔서 고맙습니다.
가끔 술 먹고 진상 부려도 버리지 않고 끝까지 책임지겠습니다.

#어머니께

딸 5

딸 낳았다고 엄마를 구박했던 할머니.
아들만 다섯 낳으신 우리 할머니는 왜 그리 시집살이를 겪으셨을까.

딸 6

10년 전 일이다.
아빠가 할머니를 모신 지 3년쯤 되었을 때다. 라디오에서 퀴즈가 나오고 있었다. '문자나 보내봐야겠다~' 하고 "여행"이라고 쓰고 있는데 진행자 개그맨 심현섭 씨가 짓궂게 영어로 쓰라고 막… 트러블(trouble) 쓰라고 막… ㅋㅋ

아싸! 당첨

심현섭 씨가 지금 나한테 프로포즈 하는 거냐고
33살 딱 좋다고, 할머니 편찮으셔도 어른들 잘 모신다고 하면서 들이댄다.
옆 DJ가 신혼집이라고 쓴 거 안 보이냐고 착각하지 말라고 둘이 티격태격.
그리고 트래블 아니고 트러블이라고 한 본인 영어 못한다고 무시했다고 한참 웃겨주시고.

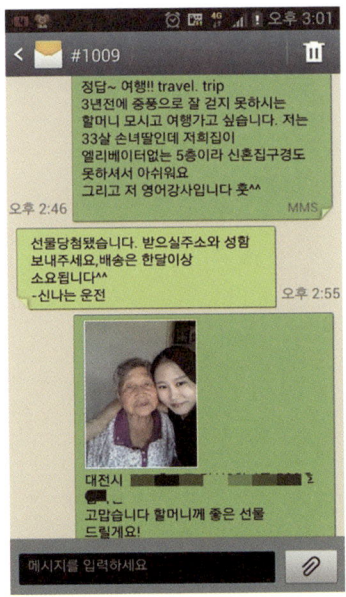

딸 7

아빠가 일하실 때 쓰는 다 썩은 1톤 트럭 있어요.
평생 새 차 사보신 적이 없어서 새 차 사드리는 게 소원이었거든요.

제 지분 넣고 제 이름으로 보험 가입한 뒤 데리고 와서
풍선 달아 아빠 퇴근하실 때 기다렸어요.
보험료와 세금 전부 내드리고 있어요. 일할 땐 아직 저 트럭 쓰세요.
나름 차 두 대 있는 리치 할아버지.

어릴 때 못 한 효도 이렇게 하네요.
아빠 사랑해요~

딸 8

아빠가 칠순이 되셨어요.
평생 현장일 하셔서 몸이 성하신 곳이 없어요.
제가 30대 중반부터 사업을 시작하면서 해마다 해외로 여행 보내드렸어요.

코타키나발루, 푸껫, 보라카이, 다낭, 대만… 까지 다녀오시고 코로나 3년… 그리고 2023 세부.
제가 항공 숙박 투어 바우처랑 설명서, 지도, 여행 영어 출력해 넣은 20페이지 파일 만들어 드리면 그것만 들고 모두 자유여행으로 가셨어요.
이번엔 번역 앱도 깔아드렸어요.
자유여행이라서 좋은 점은 10박 11일 무난히 가능한 것.

딸 9

아들만 다섯 낳으신 우리 할머니는
내가 첫 손주이자 손녀딸이다.
내 동생도 아들
둘째 작은 아빠가 낳은 동생도 아들
셋째 작은 아빠가 낳은 동생도 아들.

부모님이 대전으로 분가하시고 할머니와 살았다.

친구랑 싸우고 울면서 집에 오면 그 길로 쫓아가서 혼내주셨고,
온갖 생떼를 부려도 다 져주셨고
내 키가 할머니 키랑 비슷했던 4학년 때까지 업어주셨다.

어릴 적에 내게 전부였고 또 내가 전부였던 우리 할머니.

딸 10

사랑이 만드는 기적.

#아버님 검정고시 과외 시작

딸 11

바쁜 며느리에게 아버님 어머님이 하신 말씀.
그리고, 남편한테 보낸 카톡.

아버님, 어머님 사랑합니다.
생밤 까먹을 시간도 없는 며느리
예뻐해 주셔서 감사합니다.

#부모 복
#우리 부모님

딸 12

우리 아빠, 둘째 작은 아빠, 셋째 작은 아빠
어제 서울에서 도착하시자마자 새로 얻은 학원 구경하시는데
이사 전에 할 일이 좀 있다 하니 목장갑 끼고 출동!
원장님은 지시만 하시라며 가구 옮겨주시고 조립해 주시고
마흔 넘은 조카도 조카 맞네요.

사랑합니다. 너무너무~~

#아빠들

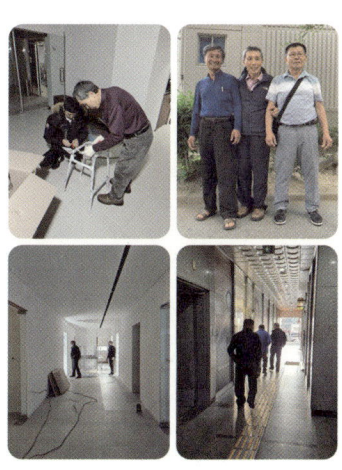

딸 13

2023년 4월 12일
아버님과 갑작스레 이별했다.

지난주 금요일
김 원장~~! 하고 학원에 들어오셨는데
캘리그라피 배운다고 했을 때 남편은 둘째가 어리다고 반대했지만
멀리까지 태워다 주신 것도 아버님이었고
미술대학원도 남편은 아직 셋째가 어리다고 했지만
아버님은 뭐든 때가 있는 거라고 첫 등록금을 내어주셨다.

사랑하는 아버님

하늘에서 편히 쉬세요.
며느리 지켜봐 주세요.

나현생각
2015.04.15 오후 6:01 · 2015.04.15 수정됨

지갑에 며느리 사진 넣고 다니시는 분 보셨나요ㅋㅋ
친정아빠 아니고 시아버님이심
울아버님 최고~♡

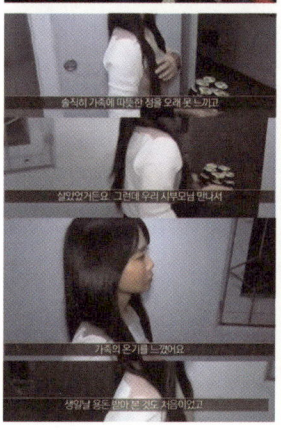

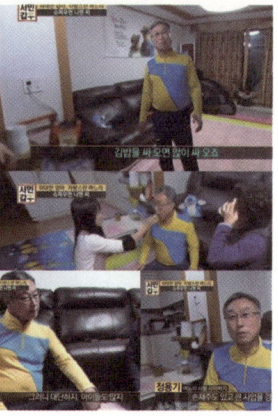

PART 6
아내

아내 1

나한테 꼭 맞는 퍼즐 조각, 당신

아내 2

나보다 똑똑해서(여기서 똑똑은 아는 것이 많다는 뜻이 아니다) 감각적으로 잘 통하는 사람.

#나의 이상형

아내 3

나를 미치게 좋아해 주지만
내게 우습게 보이지 않는 남자였어요.

아내 4

남편이 입원을 했다.
아이들이랑 나는 집에 있다.
냉장고 걱정 왜 이렇게 웃기지. ㅋㅋ

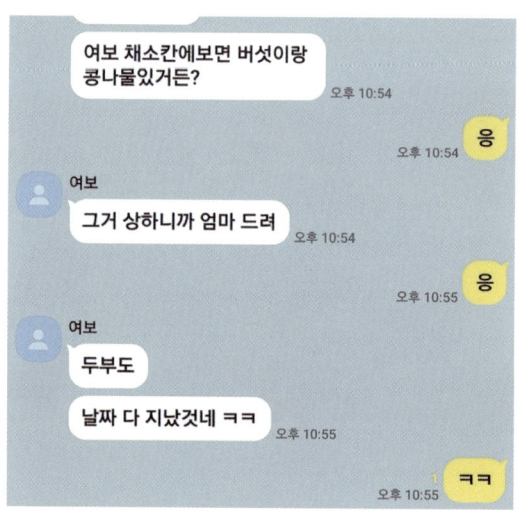

아내 5

와이프 기분이 안 좋아서
상사에게 일찍 퇴근해야 한다고 했다.
ㅋㅋ
왜 이렇게 웃기지.

아내 6

나의 남자 친구는 2년 동안 출퇴근을 시켜줬었다.
8시에 출근하는 나, 10시에 출근하는 그.

종종 늦잠 자는 나 깨워 출근시켜야 하는데 자기도 못 일어날까 봐
새벽에 깨면 자기 사무실에 가서 졸다가 일어나서 꼬박꼬박 데려다줬었다.
2년 동안 날마다.
15년 전 그 남자 친구는 삼 남매의 아빠.

아내 7

캘리그라피 배우세요.
남편에게 플렉스하세요.

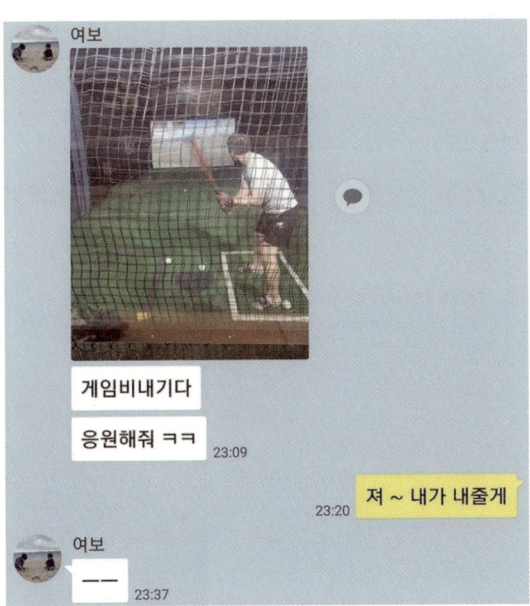

아내 8

요즘 남편이랑 맛집 도장 깨기.
남편은 내 가장 친한 친구.
일에 대한 고민을 얘기했더니

"여보 나에게 그런 일이 생겼다면 나 같으면 바로 그만뒀을 거야.
여보니까 하는 거야. 앞으로 더 많이 알려질 거고, 이런 일은 더 많이 생길 거야. 당연하다 생각해."

역시 내 남편은 내 편이다.

아내 9

2009년 12월
타 지역에 살다가 대전으로 돌아오기 위해 부동산을 찾았다.
대형 어학원에 면접을 보고 1월부터 출근하기로 한 상태였고 혼자 지낼 작은 원룸만 구하면 되었다.
예약 당시 사장님께 보증금 50만 원짜리 방도 있냐고 물었는데, 있을 거라며 와보라고 하셨다.
난 그때 돈이 없었다. 등록금을 못 내서 대학도 여러 번 휴학했었다.
첫인상이 자상해 보여 꼭 우리 삼촌 같았던 사장님이 보증금 100만 원짜리를 2개 보여주셨는데 그중 한 개가 맘에 들어 계약했다.
사실 200만 원짜리였는데 사장님이 건물주께 잘 말씀드려서 100만 원으로 깎아 계약서를 쓴 뒤, 50만 원 내고 50만 원은 한 달 후에 월급 받으면 갚기로 했다.
아무튼 부동산 사장님 덕분에 월 18만 원짜리 포근한 반지하 원룸을 얻었고, 한 달 후 잔금을 치렀으니, 계약서 재작성을 부탁했다.

그 후 언제든 오라 하셨는데 나는 7시, 이분은 6시에 퇴근하니 만나기가 어려웠다.
가끔 아주 친절한 문자가 오는데 요즘 젊은 사장님들은 고객관리를 참 열심히 하시는구나 생각했다.
한 달 정도 후 내가 근무하는 학원 근처로 일 보러 왔는데 비 온다며 우산 없으면 태워다 준다고 하셨다. 그러면 같이 일하는 선생님도 데려다 달라고 했다(생각 외로 둔함).
4월 9일 금요일. 회의가 있어 늦게 끝나는 날이었는데 전화가 왔다. 학원 앞에 일 보러 왔다가 친구랑 술 한잔 중인데 올 수 있냐고. 간판도 기억나는 '가르텐비어'.
남자 2명과 나, 맥주 마시는데 친구를 나한테 소개시키려는 것 같아 내내 좀 기분이 나빴다('허락도 없이 날 왜?' 하는 마음이었다).
그런데 술자리가 끝나고 친구만 택시에 태워 보내는 것이다.
집에 바래다주며 이번 주 일요일에 영화 보자고.
부동산에서 처음 본 날. '이 여자랑 결혼하고 싶다.'라고 생각했고 그동안 여러 번 대시를 했었다는데 전혀 몰랐고, 친구들과 부모님 모두 결혼할 여자, 예비 며느리로 내 존재를 알고 있었고 난 4개월 동안 몰랐던 것이고(정말 둔함).

4월 11일 내 취향은 아닌 영화 〈타이탄〉을 봤고
4월 12일 우리는 1일이 되었다.
그때 그 친구는 몇 년 후 대전에서 유명한 맛집 사장님이 되었고, 14년 전 내 남자 친구는 오늘, 그 건물 2층에서 부동산을 다시 개업했다.
6년 만에 다시 찾은 직업,
아이들 어릴 때 폐업하고 날 많이 도왔다.
나는 내 남편이 키웠네.

예전 부동산 이름은 '좋은 방 구하기'였는데 줄여서 '좋은 방'
이라 부르다가 '좋' 글자를 빼고 첫째 태명이 은방이.
육아 블로그 이름이 '은방이네', 그래서 사업자명도 '은방이네'
가 된 것이다.

아내 10

음식은 덮어두라 해서 덮어둔 것뿐인데.

#아내한테 살림 맡기면 안 되는 이유

아내 11

#아이 입원 중

아내 12

곱다.

아내 13

두 손 꼬옥.

아내 14

라이더 재킷 샀더니 오토바이 탈 거냐는 낭만 눈곱만치도 없는 남편 몰래 투 샷.
아이스 라테 한 잔 마시고 서실 가야지.

아내 15

수학이 뭐예요?
3,000원짜리 양념을 선물 받아서
65,000원어치 LA갈비를 샀다.

#나도 잘하는 거 있다 #우린 잘 어울려요
#근데 왜 웃는 거지

아내 16

남편 손목에 팔찌를 선물했다.
이름을 각인해 줬더니
술 먹고 집 못 찾아올까 봐 미아 방지 팔찌냐며.
내 번호도 넣을 걸 그랬네.

PART 7
작가

작가 1

지금은 장작을 높게 쌓아 올리고 있는 중이에요.
불씨만 당기면 활활 타오를 수 있게.

- 방금 전 꿈속에서
왜 이거 이거 하지 않느냐고.
나에게 충고하던 사람에게.

작가 2

재능 없는 노력은
노력 없는 재능을 이겨요.

작가 3

몇 달 전 어떤 사람이
내가 심사하는 공모전에 출품했는데 합당한 상을 못 받았다며
인스타에 나를 저격하는 글을 올렸었다.
물론 심사위원은 한 명이 아니다.

그 사람이 이번엔 다른 공모전에 냈는데
역시나 똑같은 상을 받았다.

거봐. 보는 눈은 다 비슷비슷해.

실력을 키우든가
자존심을 내려놓든가.

작가 4

이왕이면 지금 하세요.

작가 5

능력보다는 인성.
능력보다는 가능성.

작가 6

1등 해본 아이는 1등 하는 방법을 안다.
지금 10등일지라도 마음만 먹으면 1등 할 수 있다.

글씨 잘 써본 사람은 잘 쓰는 방법을 안다.
지금 써지지 않더라도 마음만 먹으면 잘 쓸 수 있다.

#캘태기 #캘럼프 #캘년기 #극복

작가 7

나에게는 글씨가 전부가 아니다.

바꿔 말하자면 내 것 지키지 못해 안달하지 않는단 말이다.

그깟 글씨 하나로 이 자리에 있는 건 아니다.
같은 재료로도 천차만별 음식이 나오듯이 나에게 글씨는 재료일 뿐.

작가 8

글씨는 사람을 닮는다.
그리고 사람은 제 글씨를 닮게 된다.

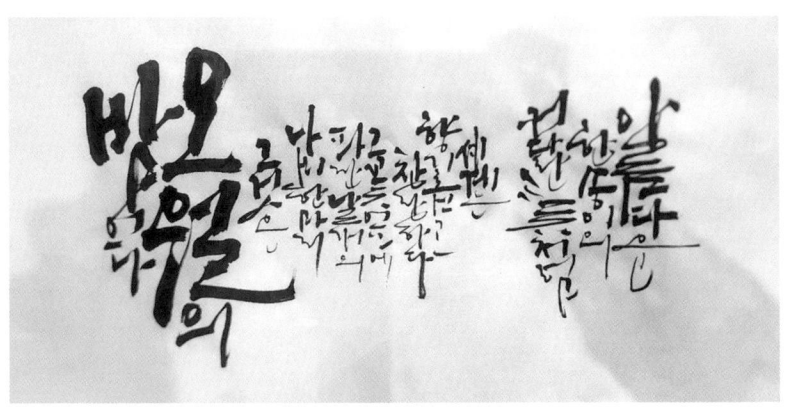

작가 9

취미는 재밌어야지.
재밌으려면 잘해야지.
못하면 재미없지.
재미없으면 취미가 아니지.

취미란 그러하므로,
대충하지 말고 제대로 의미 있게 재미나게.

작가 10

한 번도 만나보지 못한 사람을
헛소문만으로 판단하기 있기 없기.

작가 11

부모만 잘사는 집, 자식도 잘사는 집.

작가 12

며칠 전 어느 전시회에 갔다가 어떤 분과 명함을 주고받으며 인사를 나누게 됐어요.

제가 먼저
"안녕하세요. 저는 김나현입니다. 선생님과 페이스북 친구예요."
했는데 그분이
"제가 친구가 5,000명이 넘어요. 일일이 기억을 못 해요." 하시는데

속으론 '나는 그러지 말아야지
누구든 반갑게 맞아주어야지
존재를 알아봐 주는 사람이 되어야지.'

하나 또 배우고 왔답니다.
실제로 만나봐야 아나 봐요, 사람은.

나도 인스타 팔로워 1.2만 명,
유튜브 구독자 1.4만 명인데 말이지요.

작가 13

부정적인 생각 금지.
뭘 해도 된다고 생각하는 사람은
뭘 해도 된다.
뭘 해도 안 된다고 생각하는 사람은
뭘 해도 힘들다.
몸은 머리를 따라가니까.

작가 14

SNS 덕분이고
SNS 때문이네.

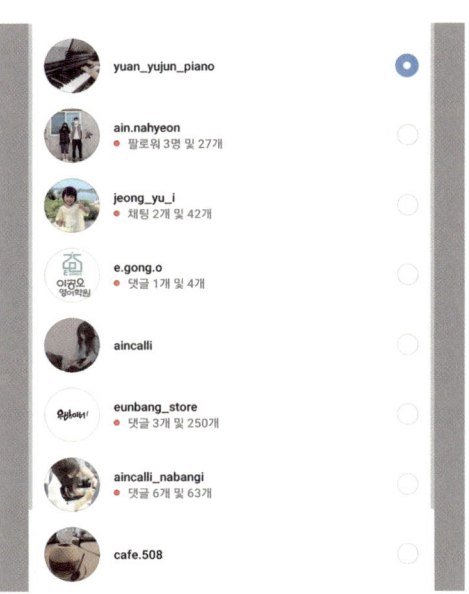

작가 15

전에는 주 1회가 죽을 것 같았는데
이제는 주 4회가 살 것 같다.

매주 수요일 아침 6시,
야행성에 아침잠까지 많은 내가
첫 온라인 새벽반을 시작하고 석 달은 일어날 때마다 후회했다.

목요일 새벽반 수업까지 시작한 뒤 며칠은 이러다 과로로 죽는
거 아닌가 싶었다. 몇 주 지나니 차츰 적응이 되기 시작했다.
그래도 클래스를 더 하는 건 무리라 생각했다.
최근 온라인 문의가 많아졌다.
농담 삼아 하나 더 열어볼까 했던 게 금요일 새벽반이다.

7개월 전에는 주 1회가 죽을 것 같았는데
이제는 주 4회(월, 화, 토, 일)가 살 것 같다.
생각하기 나름이다.

뜻하지 않게 아침형 인간.

작가 16

살면서 어려움 없는 사람이 어딨겠어요.
죽을 만큼 힘들거나 아니거나 할 뿐이지.
사는 거 다 비슷비슷해요.

작가 17

'나'라는 덩어리를 빚는 과정.

전 날마다 빚고 있습니다.
멈춰 있지 말고 얼른 빚어요.
남들 놀 때 빚으면 효과가 두 배.

작가 18

몸치라서 붓으로 춤을 춰요.

작가 19

무대 체질은 아니고
무대를 좋아하는 체질.

작가 20

'모든 일은 시작이 중요하다. = 첫 단추를 잘 끼워야 한다.'
라는 말이 있습니다.
그렇긴 하지만 첫 단추를 잘못 끼운 일이
예상외의 행운이 될 수도 있다는 게 저의 반론입니다.

이미 일은 시작됐고
나는 수습을 하면 되는 거고
안 되면 다시 하면 되는 거고
실패하면 경험을 얻는 거고.

2024 아인의 사계展 협회장 인사말

작가 21

내가 이 일을 하면서 가슴이 벅찬 이유는

단순히 '글씨'를 가르치는 것만이 아닌
내가 앞서 이뤄놓은 한 부분.
'어떤 목표'를 향해 달려오는 자들의 멘토로서 그들의 성취감과
행복을 함께 느끼고 있기 때문.

작가 22

"가지 많은 나무에 열매 마를 날 없다."

내 자식도 많고, 글씨 자식도 많아서 날마다 결실로 가득하다.

작가 23

글씨만 잘 쓴다는 것.
예쁘지만 향기 없는 꽃과 같은 것.
예쁘지만 아름다움 없는 얼굴과 같은 것.

작가 24

쉽게 못 따라 쓰는 글씨.
아무나 못 따라 쓰는 글씨.

작가 25

지겹다, 글씨
하면서
또 글씨를 쓰고 있네.

작가 26

독학
아무렇게나 시작하지 마세요.

작가 27

열심히 하지 말고

그냥 하세요.

작가 28

높이 오르지 않으면 추락하지 않는다.

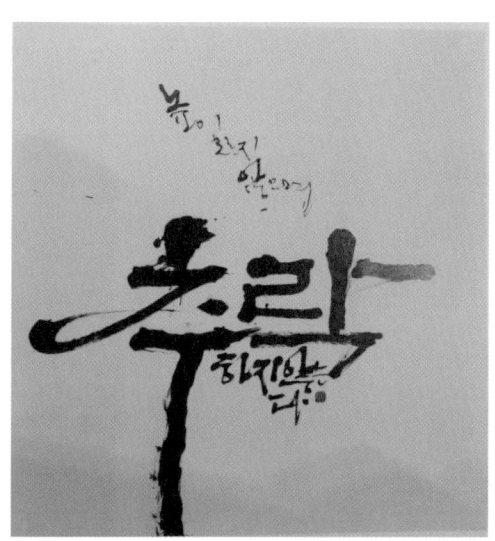

작가 29

가정이 평화로워야 일에 집중이 잘되듯
붓이 평화로워야 글씨에 집중이 잘된다.

작가 29

평생 글씨 쓰면서 살 수 있는 취미를 만들어 드리겠습니다.

작가 30

어릴 땐 나더러 연필을 이상하게 잡지 말라고 했었지.
그렇게 잡으면 글씨 못 쓴다고.

지금은 나처럼 잡으려 하지. 이상하게.

작가 31

빵 터짐.
인기 많은 캘리집. ㅋㅋㅋㅋㅋ

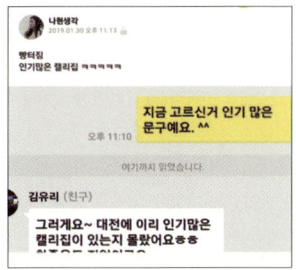

작가 32

아직 캘리그라피를 모르는 사람들이 많아 다행이다.

#아인텔리그라피

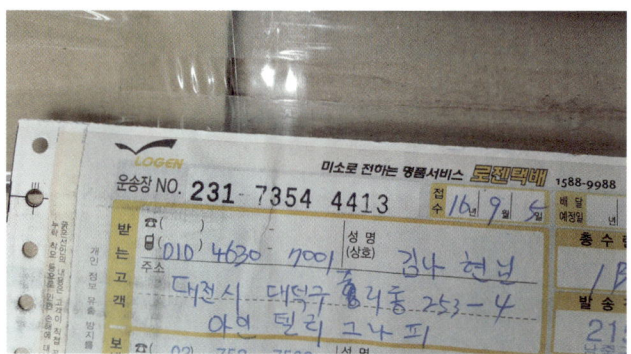

작가 33

이제껏 3,000점 정도를 그렸는데
600점을 그렸을 때 손이 먹에게 끌려갔고
1,000점을 그렸을 때는 내 손이 먹을 지휘했다.

– 한국화가 남강 이재호 교수님 말씀 중

작가 34

작은 몸에 큰사람
몸은 가벼워도 가볍지 않은 사람
세상에 존경받는 분들이 존경하는 사람
성숙한 사람들이 좋아하는 사람
때가 탈까 나만 알고 싶지만 나의 욕심.

주면 줄수록 더 주는 사람
스스로 진화하는 사람
끊임없이 생각하는 사람
긍정적이고 좋은 걸 더 많이 보는 사람
세상에 내놓기 아까운 사람이지만 나의 욕심.
자유로운 영혼의 예술가
냉철한 사업가
진정한 선생님
따뜻한 엄마
사랑스러운 애교쟁이
사람 냄새 나는 사람

몰래 지켜주고 싶은 사람.

#호연 조연아 글

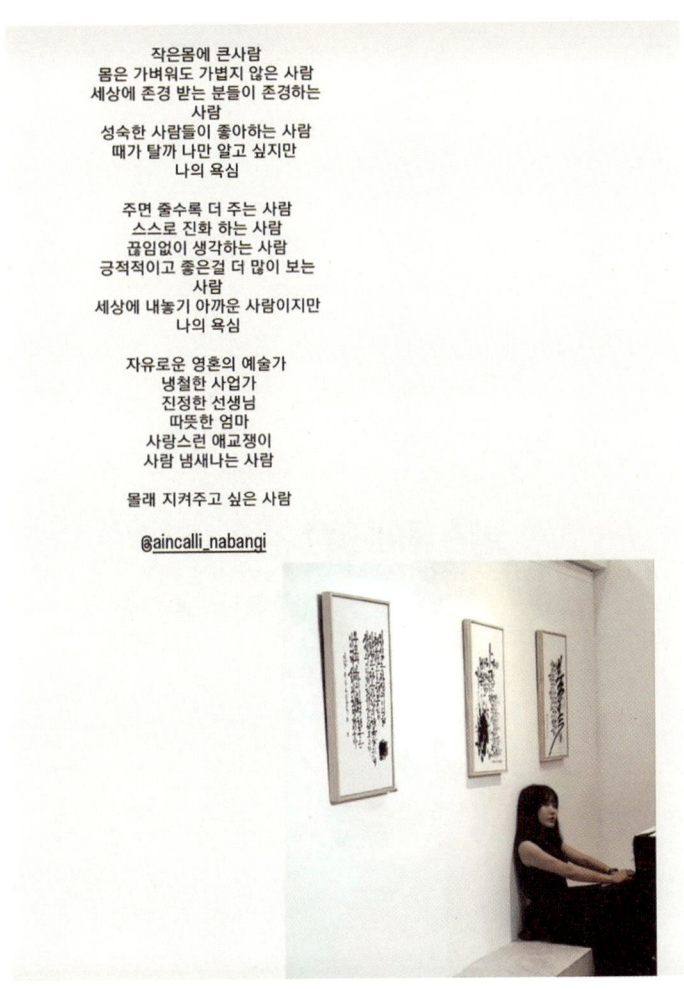

작가 35

그러니까
내일 죽을 것처럼 살자고.

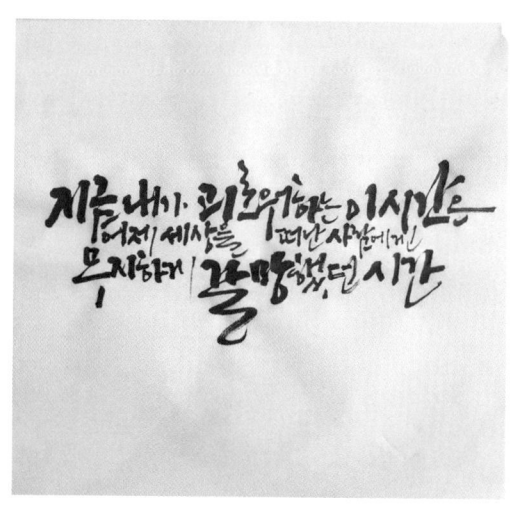

작가 36

총각무에 총각이 있었으면 좋겠다.
2018 作

작가 37

안 되면 따라 해.
된다 된다 하면 된다.

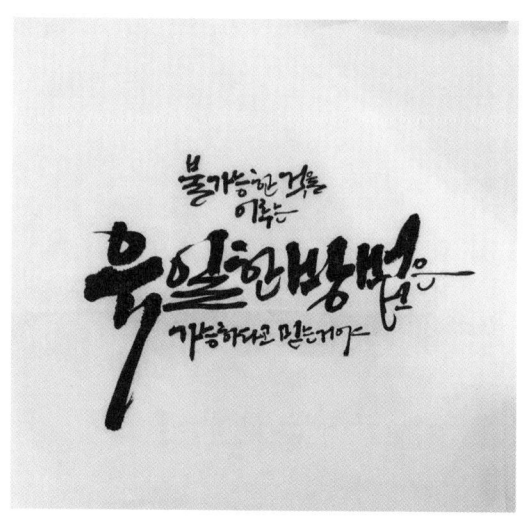

작가 38

"천 리 길도 한 걸음부터" 저의 시작은 이랬습니다.

2014년 7월. 임신 중이었어요.
지금은 이 아이가 초등학생이 되었습니다.
그때는 두 달만 배우면 되는 줄 알았어요.
강좌명이 두 달 완성 과정이었거든요.

이때의 저보다 여러분들의 상황이 나아요.
절 만나셨잖아요.
세월이 같다고 경험치가 같진 않아요.
11년째 캘리그라피 작가로 살면서 무수한 일 모두 겪은 제가
길잡이가 되어드릴게요.

선생(先生)이란
먼저 선, 살 생

먼저 사는 사람입니다.

저는 바른 선생님이 되겠습니다.

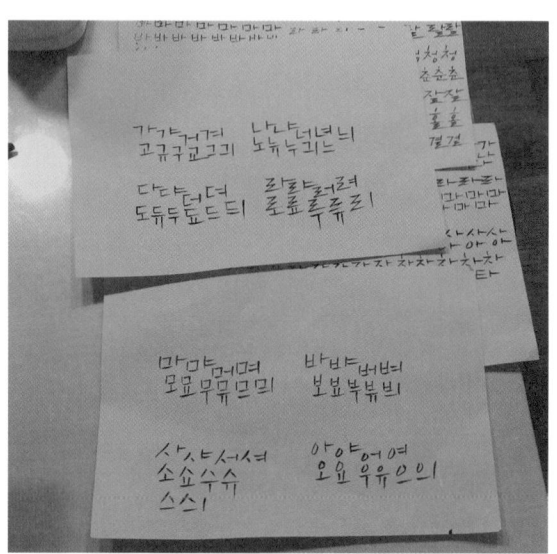

작가 39

내 첫 스승님 상토 이규선 교수님의 진갑 파티
실은 선생님 주민번호만 보고 올해 환갑이신 줄 알았다.

어쨌든 조촐하게나마 회원들과 깜짝파티를 준비했다.

선생님은 2019년 6월부터 수요일마다 우리 학원에 오셔서 한국화를 가르쳐 주신다. 너무 자상하시고 아낌없이 내어주시는 선생님을 뵈니 '나도 이런 선생이 되어야겠다~' 하고 생각했었다.

선생님 덕분에 미술대학원도 갔어요.
선생님 덕분에 나눌 줄 아는 사람이 되었어요.
덕분에 제 주위에 좋은 사람들이 더 많이 생겼어요.
평생 은혜 갚으며 살겠습니다.

작가 40

이거 뭐 부담스러워서 글씨 쓰겠냐고.

작가 41

애들아, 낙서라면 언니가 한 일가견 해.

#붓 들고 올까

작가 42

사람은 고생을 피할 수 없다.
그러나 잊을 수 있는 능력이 있다.

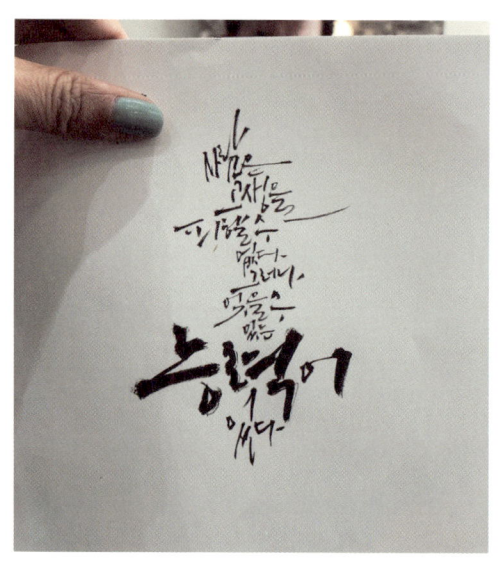

작가 43

나의 한국화는
집, 골목길, 수묵화.

작가 44

날개를 달고.

작가 45

지금은 부안 바다.
오늘 쓴 글씨가 찰떡.

#박노해 작가님의 《걷는 독서》 중

작가 46

4월부터 한글서예 시작한 지 3개월 자음 진도를 다 나갔다.

ㄴㄷ / ㄹㅌ / ㅁㅂ / ㅇㅎ / ㄱㅋ / ㅅㅈ / ㅊㅍ

이렇게 끝난 건 아니고 전체 반복 몇 주 더 연습해야 한다.
캘리그라피와 서예, 빠름과 느림, 이 두 가지가 나와 닮았다.

#서예일기

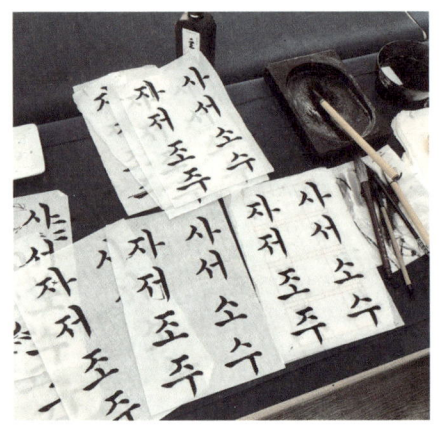

작가 47

이런 얘기 안 하려고 했는데 자꾸 제 꿈 꾸시면 감사해요.

언제 오시든 친정엄마처럼 반갑게 맞아드릴 예정.

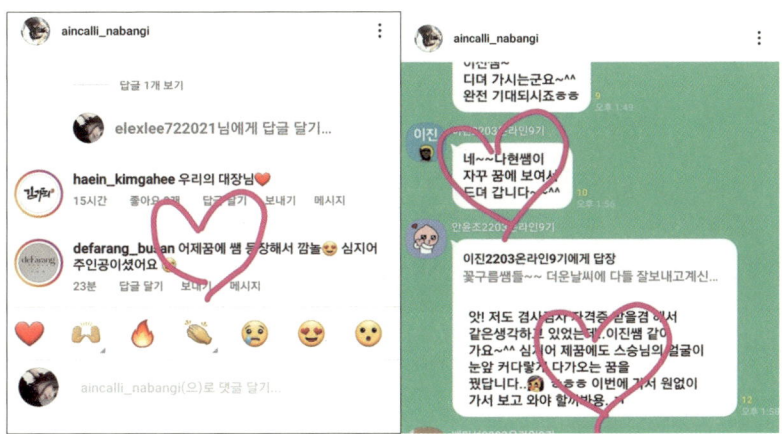

작가 48

군중 속 평화.

작가 49

붓끝을 세우세요.

작가 50

여기는 버스.
흔들리는 버스 안에서 작업하면 글씨에 집중이 더 잘돼요.
모래주머니 달고 트레이닝하는 마라톤 선수 같달까.

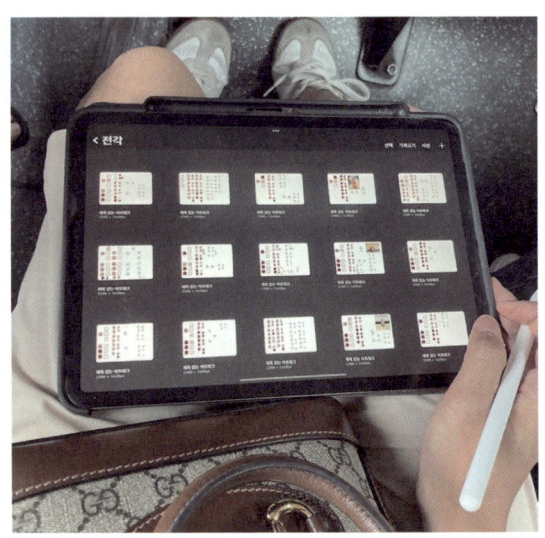

작가 51

같은 글 네 가지 구도.
- 아인 수강생이라면 다 할 줄 아는
반복 훈련을 통해 원하는 대로 쓸 수 있게.

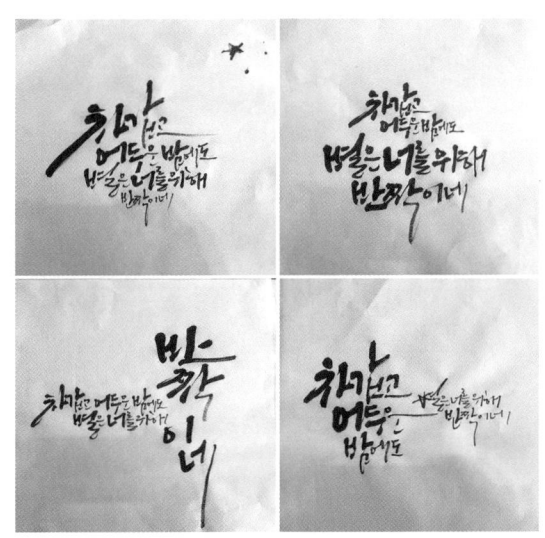

작가 52

내일은
신입생 발표일입니다.
캘리그라피 작가가 됩니다.
반드시 됩니다.

#환영합니다 #반갑습니다 #옳은 선택

작가 53

4개월 동안
나너노누 라러로루 다더도두 사서소수 자저조주 가거고구
카커코쿠 마머모무 바버보부 아어오우 하허호후 쓰다가

드디어
오늘부터 받침 있는 글자와 문장을 쓴다.
오늘은 엄청 못 썼지만 다음 주엔 엄청 잘 쓸 거다.

#서예일기

작가 54

선 반듯하게
그리기 자신 있는 1인.

작가 55

이 글을 쓰고 싶었는지 잠에서 깼다.
쉬는 날인데 에잇 억울하다.

나현생각
2022.10.03 오전 6:24

지금은 장작을 높게 쌓아 올리고 있는 중이에요
불씨만 당기면 활활 타오를 수 있게

- 방금 전 꿈속에서
왜 이거이거 하지 않느냐고
나에게 충고하던 사람에게

작가 56

새벽에 나를 깨웠던 꿈이
이 작품을 가져다줬다.

작가 57

아이들 입원 중인데 손이 근질거려서
남편한테 붓펜, 엽서 갖다 달라고 해서 몇 장 썼어요.
새해 복 많이 받으세요.

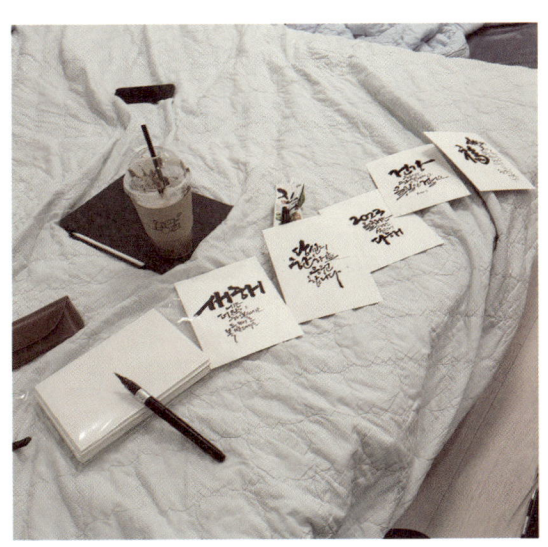

작가 58

앉을 시간도 없지만 물살에 몸을 맡기면
힘쓰지 않고도 둥둥 흘러가듯
따르다 보면 또 따라가게 됩니다.

작가 59

고등어 내 스타일.

작가 60

아침에도 예뻤음.
밤에는 더 예쁨.
2017. 12. 17.

작가 61

여산 육군부사관학교 출장.
무려 2미터 작업물.
이번 작업 좀 멋지다.

#성상 #평화를 구하는 기도 #성요셉성당

작가 62

사진을 보고 집을 그렸다.
내가 그리면 열 배는 낡은 집이 된다.

#빈티지 나현

작가 63

오른쪽 건 20장 썼고
가운데 건 10장 썼고
왼쪽 건 오늘 처음 썼다.

충분히 연습하고 나면 글자를 더 작아지게
1장에 쓰는 연습을 한다는데 설렌다.

#서예일기

작가 64

내가 좋아하는 골목 그림이다.
미술대학원에 입학하기 위해 2019년 6월부터 3년 치 포트폴리오를 준비해야 했는데, 넉 달간 밤을 새워서 약 30점의 그림을 그렸었다.
정말 미친 듯이 빠져들었었다.

입학 후 대학원에서 여러 교수님들의 지도를 받으며 정체성이 약간 흔들렸었다.
화사한 꽃 그림이 아닌, 오래된 골목과 판자촌만 그리던 나.
내 그림은 낡은 그림, 팔리지 않는 그림이라고 한다.
팔려고 그리는 건 아니었다는 생각과 배워서 가르쳐야 하는 내 의지가 상반되어 딜레마에 빠지며 슬럼프가 왔다.
바빠서 그림 그릴 시간이 없다는 핑계를 대며 한동안 보는 눈만 높이고 있었다.
4학기 개강을 앞두고 마음을 다잡으며 다시 붓을 잡는 중.
내 슬럼프는 아무도 몰랐을걸.
이거 안 되면 저거라도 즐기면 된다.
나는 매일이 즐겁다.
충청 미술전람회 특선작.
명제 〈세월의 흔적〉

작가 65

이전 것보다는 나은데 세 글자가 맘에 들지 않아 다시 쓰려고 한다.
쓰다가 아주 잠깐 딴생각이 들면 흔들흔들~
내 의도와는 다르게 이상한 글자가 쓰여 있다.
난 늘 상상 속에 사는데 붓을 놓을 때까지 멘털을 붙들고 있어야 한다.

#서예일기

작가 66

#12人 12色展
#2023. 05.

작가 67

2022 아인의 사계 피날레 퍼포먼스.

작가 68

엄마에게 가는 길.
2019 年作

작가 69

5년 전 아버님이 대학원 등록금을 내어주시며 말씀하셨다.
"석사, 박사, 교수까지 다 해!"
"네!" 대답했다.

그리고, 이 책을 마무리하는 중에 새로운 소식이 왔다.
2025년 9월, 가을학기부터 한남대학교 문화예술대학원에 캘리그라피 과목이 신설되고 나를 겸임교수로 위촉하겠다는 연락이다.
아버님이 응원해 주셨을 때 잠깐 떠올려 본 것뿐이지만, 상상의 힘은 이렇게 강하다.
바라는 일이 있다면 꿈이라도 꾸어보자.

작가 70

글씨 쓸 때가 가장 예쁜 여자
김나현입니다.

빛은
어둠에
물들지
않아

초판 1쇄 발행 2025. 2. 5.

지은이 김나현
펴낸이 김병호
펴낸곳 주식회사 바른북스

책제목 김부조
편집진행 황금주
디자인 김효나

등록 2019년 4월 3일 제2019-000040호
주소 서울시 성동구 연무장5길 9-16, 301호 (성수동2가, 블루스톤타워)
대표전화 070-7857-9719 | **경영지원** 02-3409-9719 | **팩스** 070-7610-9820

•바른북스는 여러분의 다양한 아이디어와 원고 투고를 설레는 마음으로 기다리고 있습니다.
이메일 barunbooks21@naver.com | **원고투고** barunbooks21@naver.com
홈페이지 www.barunbooks.com | **공식 블로그** blog.naver.com/barunbooks7
공식 포스트 post.naver.com/barunbooks7 | **페이스북** facebook.com/barunbooks7

ⓒ 김나현, 2025
ISBN 979-11-7263-954-9 03810

•파본이나 잘못된 책은 구입하신 곳에서 교환해드립니다.
•이 책은 저작권법에 따라 보호를 받는 저작물이므로 무단전재 및 복제를 금지하며,
이 책 내용의 전부 및 일부를 이용하려면 반드시 저작권자와 도서출판 바른북스의 서면동의를 받아야 합니다.